A
History
of
Entrepreneurship

企业家精神
理论史

[美] 罗伯特·F. 埃贝尔 Robert F. Hébert
[美] 阿尔伯特·N. 林克 Albert N. Link　著

熊　越　译

广西师范大学出版社
GUANGXI NORMAL UNIVERSITY PRESS
·桂林·

QIYEJIAJINGSHEN LILUN SHI

A History of Entrepreneurship
© 2009 Robert F. Hébert and Albert N. Link
All rights reserved.
著作权合同登记号桂图登字：20-2023-048 号

图书在版编目（CIP）数据

企业家精神理论史 /（美）罗伯特·F. 埃贝尔，（美）阿尔伯特·N. 林克著；熊越译. --桂林：广西师范大学出版社，2023.9
书名原文：A History of Entrepreneurship
ISBN 978-7-5598-6078-1

Ⅰ.①企… Ⅱ.①罗…②阿…③熊… Ⅲ.①企业家－企业精神－研究 Ⅳ.①F272.91

中国国家版本馆 CIP 数据核字（2023）第 114026 号

广西师范大学出版社出版发行

（广西桂林市五里店路 9 号　邮政编码：541004）
网址：http://www.bbtpress.com

出版人：黄轩庄
全国新华书店经销
广西广大印务有限责任公司印刷
（桂林市临桂区秧塘工业园西城大道北侧广西师范大学出版社集团有限公司创意产业园内　邮政编码：541199）
开本：880 mm × 1 240 mm　1/32
印张：7　　字数：130 千
2023 年 9 月第 1 版　　2023 年 9 月第 1 次印刷
定价：49.00 元

如发现印装质量问题，影响阅读，请与出版社发行部门联系调换。

关于作者

罗伯特·F. 埃贝尔是奥本大学企业家研究方向的拉塞尔基金会荣休教授。他于1970年在巴吞鲁日的路易斯安那州立大学获得博士学位。他的教学生涯包括路易斯安那州立大学、克莱姆森大学、奥本大学、路易斯安那大学拉斐特分校、巴黎大学（索邦大学）和卡昂企业管理学院。在1994—1995年，他是法国富布赖特高级研究学者。他是南方经济学会的前任理事和经济学史学会的前任主席。他的研究集中在经济思想史、经济史以及最近的宗教经济学方面。埃贝尔教授的出版物包括发表在《政治经济学期刊》《经济学刊》《经济学季刊》和许多其他期刊上的论文。他的著作包括：与小R. B. 埃克伦德合著的《现代微观经济学的秘密起源：杜普伊与工程师》（1999）；与小R. B. 埃克伦德和R. D. 托利森合著的《基督教市场》（2006）；与小R. B. 埃克伦德合著的第五版《经济理论和方法史》（2007）。

阿尔伯特·N.林克是北卡罗来纳大学格林斯伯勒分校的经济学教授。他在里士满大学获得数学学士学位并在杜兰大学获得经济学博士学位。他的研究重点是创新政策、大学企业家精神和研发经济学。他是《技术转移期刊》的主编。林克教授的研究成果发表在了《美国经济评论》《政治经济学期刊》《经济学与统计学评论》《经济学刊》等期刊上。他出版的书籍包括:《作为企业家的政府》(2009);《创新政策经济学》(2008);《发明与创新的经济理论》(2008);《创新、企业家精神与技术变革》(2007);《美国服务业的创新》(2006);《企业家精神和技术政策》(2006)。林克教授的大部分研究都得到了美国国家科学基金会、经合组织、世界银行和发达国家各科技部的支持。林克教授曾担任联合国欧洲经济委员会(UNECE)下的创新与竞争力政策委员会副主席。

译者序

这是一本姗姗来迟的书。本书的第一个版本《企业家：主流观点与激进批评》——柯兹纳口中"开创性和一流的努力"（第1页）——于1982年出版之后，仅用了两年时间就有了日文版。相比之下，这本中文版（翻译自修订、扩充之后的2009年版《企业家精神理论史》）比原版晚了40多年。

这也是一本适逢其时的书。一方面，中国的经济改革在取得辉煌成就的同时，走到了一个关键的节点，而对企业家精神的全面理解对于坚持改革至关重要。另一方面，随着"对企业家精神学术领域的兴趣激增"（第2页），国内的专业企业家精神研究者也越来越多。这本两百多页的小书浅显易懂且精准扎实，既有助于社会各界了解企业家精神的内涵，又有助于为专业研究者提供一种历史视角，"使他们能够扎根于经济理论的历史层面"（第2页）。

因此，当这本重要著作通过自己的努力终于得以呈现给中国读者的时候，我是感到欣喜和荣幸的。

人们通常认为，爱尔兰裔法国经济学家理查德·坎蒂隆在经济理论中引入了"企业家"（entrepreneur）一词。这个词来自拉丁文动词in prehendo-endi-ensum，意为"去探索、去看、去感知、去认识和去实现"。在今天，企业家精神这个多少有些拗口的外来词正越来越频繁地出现在大家的日常生活之中。人们在新闻和书籍中读到它，在讨论中使用它，却很少有人能清楚地说出它的含义。借用卡佛的说法，当我们谈论企业家精神时我们在谈论什么？

如伊斯雷尔·柯兹纳所说，企业家精神曾是"一个长期被忽视的领域"（第1页）。在曼昆厚达800多页的流行教材《经济学原理》中，"企业家"一词只出现了寥寥几次，除了在案例中表示身份以外，几乎没有实际作用，而"企业家精神"一词更是从未被提起。厚达900多页的权威教材《微观经济理论》（俗称"MWG"）同样如此。

然而，纵观整个经济思想史，企业家精神却并非一直这样不受重视。经济科学"最初关注的是一个动态问题，即对经济进步如何产生的解释"（第3页）。作为经济进步的发起者，企业家在这个时期自然不会遭到遗忘：在坎蒂隆、魁奈、杜尔哥、屠能、曼戈尔特等早期经济学大师的著作中，企业家和企业家精神都占据着重要的位置。

二十世纪六七十年代，经济学家们逐渐开始意识到，由于新古典经济学的兴起，企业家从经济理论中消失了。在一个完全信息和完全市场的世界中，企业家的决定是无足轻重的，协调问题已被消除，"几乎没有或根本没有留下企业家行动的空间。"（第91页）对此，威廉·J. 鲍莫尔（William J. Baumol）富有文采地感叹道："理论上的企业是没有企业家的——丹麦王子已经从对《哈姆雷特》的讨论中消失了。"

面临这样的局面，本书两位作者做出了一种与众不同的新颖回应。他们没有加入针对现状的批判队伍，也没有发起正面进攻以让企业家重回经济理论，而是另辟蹊径梳理了从亚里士多德开始——尤其是从十八世纪到二十世纪中叶——的经典文献，以收集历代大师已经表达出来的见解，从而"保留一个重要的历史视角"（第6页）。

虽然"企业家精神的定义可能几乎与该主题的学者一样多"（第11页），我们的两位作者还是设法从中提炼了12种最重要的功能。不过，他们没有肯定或否定其中的任何一种。因此，本书有可能因为避免对被考察的观点做出判断（尽管难免涉及一些隐含的判断）而显得缺乏重点。埃贝尔和林克的做法是稳妥的，但正如柯兹纳所建议的："如果两位作者在一开始就明确说明他们自己对企业家精神本质的正面立场，然后从他们自己表达的这一立场的有利位置着手评价或检验各种历史观点，那可能会更好。"毕竟，读者们会期望听到两位作者自己的想法。当然，这种希望作品更上一层楼的建议不应该被视为一种批评。

今天的企业家精神研究已发展为更加精细和复杂的跨学科研究，"是当今至少三个学科——经济学、社会学和管理学——的焦点，并且它可能在更多学科（例如心理学）中变得突出"（第4页）。但是，出于本书的写作目的，它不必为没有介绍这些后续内容而受到指责。在此意义上，本书并不过时，也不会过时。我希望十年、二十年之后，它还能为大众读者和专业读者提供价值。

在最后，我想感谢罗伯特·F.埃贝尔教授和阿尔伯特·N.林克教授的慷慨授权和他们为本书所撰写的中文序言。我也要感谢马洛京大学克里斯托弗·林格尔（Christopher Lingle）教授和贝勒大学彼得·G.克莱因（Peter G. Klein）教授的牵线搭桥，以及本书编辑李佳楠先生为本项目所付出的心血，没有他们就不会有这个译本。当然，任何翻译上的疏漏都是我自己的责任。

熊越
二〇二三年六月

中文版序

纵观历史，企业家精神一直是经济活动和国家繁荣的主导力量。在古代，它表现在军事领导和战略上，常常关乎性命。然而，它是随着市场经济的发展而全面开花的。今天，企业家精神激发了另一种进步力量——技术，从而产生了指甲锉和智能手机等多样化的消费产品。人工智能 (AI) 可能是当前的技术狂潮，但其最终用途和方向将由企业家的头脑和那些愿意押注其对消费者的效用的人来决定。

但是，这种被称为企业家精神的重要的、难以捉摸的力量是什么？尽管它描述的是一种内在的人类活动，但在18世纪，一位出生于爱尔兰、居住在法国、在阿姆斯特丹和伦敦开展业务的银行家首先将这一主题视为市场经济的关键功能。因此，它的国际根源从一开始就很明显。从那以后，经济学家和其他社会科学家一直在探索、修补和改进这个主题。尽管他们做出了努力，但仍难以就企业家的性质和职能达成一致。这从而提出了关于企业家精神研究的未来以及企业家在经济理论中的作用的问题。

人们说，除非你知道你去过哪里，否则你无法知道你将要去哪里。从智识的角度来看，这本书试图让读者了解我们去过的地方。

罗伯特·F.埃贝尔
阿尔伯特·N.林克
二〇二三年六月

目 录

前言   1

序言   3

第1章   企业家精神的史前史   11

第2章   早期法国学者的贡献   21

第3章   英国思想学派   49

第4章   德国传统   69

第5章   早期新古典观点   79

第6章   来自美国的观点   103

第7章   约瑟夫·熊彼特   125

第8章   超越熊彼特   143

第9章   企业家与企业   167

第10章   结论   181

书名、文章名、期刊名中英文对照表   191

人名中英文对照表   195

参考文献   201

前言

二十多年来，我们一直在撰写关于企业家的文章：他或她是谁，以及他或她做什么。我们的这一任务始于我们两人都在奥本大学任教之时。早前，我们意识到，一些有待研究的主题结合了我们各自的兴趣——经济思想史和创新史。我们关于企业家这个主题的第一本专著《企业家：主流观点与激进批评》出版于1982年。它按年代顺序记录了整个经济思想史上各种作者所构想的企业家精神的性质，提出了至今仍未得到解决的问题。六年后，我们的工作得到了扩充，重新发行为第二版。

我们的努力获得了经济学家们的认可，他们赞赏并进一步推动了企业家在经济理论中的作用。G. L. S. 沙克尔写道："[埃贝尔和林克]简明、清晰和富有风格地讲述了关于企业家精神的性质和所需品质的思想史。"伊斯雷尔·柯兹纳补充道："[埃贝尔和林克]在一个长期被忽视的领域做出了开创性和一流的努力。"

但这还不够。在第二版出版近20年后，我们决定在两篇学术期刊文章中重新讨论该主题，以评估关于企业家精神的性质的阶段性进展。这些论文发表在2006年的《技术转移期刊》和《企业家精神的基础与趋势》中。本书将完成我们对企业家精神的历史性质的最终探讨，并提供对该主题发展的一些思考。关于企业家（例如，他或她是谁）和企业家精神（例如，他或她做什么），最基本的问题仍然存在。因此，准确解释和完善企业家精神的本质这一挑战，在今天和在二十多年前我们初次接触这个主题时一样，是充满活力的。

我们现在重新讨论这个主题的动机有两方面。首先，从务实的角度来看，这本书为我们提供了一次机会，来综合我们二十多年来关于这个主题的思想。其次，对企业家精神这一学术领域兴趣的激增，以及有关该主题的本科和研究生课程的涌现，几乎与该概念的历史演变完全脱节。经济学数学性质的最新进展往往以牺牲历史视角为代价，而历史视角为人类事件的现实提供了重要的试金石。希望本书能为年轻学者提供有用的资源，使他们能够扎根于经济理论的历史层面。

在我们的整个学术生涯中，我们的妻子——黛安和卡罗尔无私地提供了支持和启发。我们将这本书献给她们，以谦逊地回报她们的爱和理解。

序言

纵观整个思想史，企业家的突出地位及其在经济理论中的作用，与经济活动的动态与静态表现交织在了一起。经济科学——始于18世纪的"政治经济学"——最初关注的是一个动态问题，即对经济进步如何产生的解释。因此，亚当·斯密给他写于1776年的杰作《国民财富的性质和原因的研究》起了如此生动的标题。在经济科学的起步阶段，企业家作为对产品和资源市场的运作至关重要的经济主体而出现。起初，有关定义和解释企业家及其作用方面的进展是停滞不前的；实际上，这方面最好的工作是在斯密之前完成的，而斯密混淆了企业家和资本家的角色，在某种程度上模糊了这个问题。卡尔·马克思延续了研究资本主义动态的古典传统，不过他主要研究的是资本家，因此企业家精神的概念此后逐渐淡化。

经过大约一个世纪的发展，传统经济学并没有按照马克思的思维模式来发展，而是将自己重新塑造成一门研究如何有效分配稀缺资源的科学，而这个问题在本质上主要是静态的。在随后的几代人中，企业家的作用被忽视了，因为经济学家努力在均衡框架内完善和扩展经济理论。在此期间，企业家精神成了社会学的研究领域，与该领域的其他内容相比，它关注领导的性质和特征。企业家在经济学中仍然很重要，但只有在研究范围涉及经济发展时才重要。

在20世纪，与企业家精神最密切相关的名字是约瑟夫·熊彼特，他围绕扰乱均衡的企业家动态、创新行动，构思了《经济发展理论》（Schumpeter, 1912）。这引出了"熊彼特式的企业家"这个说法，它默认还存在着其他类型的企业家，他们可以从事不同的活动。然而，很少有研究来确定这些其他活动是什么，以及哪个经济主体对这些活动负责。

最终，企业家引起了管理学的注意，后者被迫找出企业家和经理之间的区别。因此，企业家精神是当今至少三个学科——经济学、社会学和管理学的焦点，并且可能在更多学科（例如心理学）中变得突出。可以预期，研究企业家精神的这种多管齐下的路径将解决一些关键问题，比如"谁是企业家？""企业家在市场经济中的关键作用是什么？"以及"什么是企业家精神？"然而，还没有出现这样的共识。

企业家精神这种被割裂的本质是一个惊人的反常现象，它伴随着对该主题学术和实践兴趣的急剧增长。约瑟夫·熊彼特于1932年起在哈佛大学任教。1946年，他与亚瑟·科尔一起创办了企业家史研究中心。第二年，迈尔斯·梅斯为哈佛商学院的188名学生开设了可能是美国的第一门企业家精神课程。（Katz, 2003）从那时起，高等教育中的企业家精神的增长一直是显著的。到21世纪初，已有近20万名美国学生参加了企业家精神或小企业课程。目前，有1600多所院校开设了2200多门关于该主题的课程。（Katz, 2003）此外，根据全球企业家精神中心联盟的数据，还有着超过150个有关企业家精神的大学研究中心。[1]

知情人士推测，对企业家精神教育的需求将超过对训练有素的大学教师的供应。报名企业家精神课程的学生不仅来自传统的商科和经济学专业，也来自科学和工程领域。[2]此外，现在属于企业家精神范畴的主题也越来越广泛。[3]商业企业家精神课程中对社会企业家精神、政治企业家精神和学术企业家精神的讨论已经屡见不鲜了。

在供应方面，企业家精神博士项目的匮乏加剧了合格教师的短缺。（Katz, 2003）为了满足对企业家精神教育的超额需求，许多机构正在招聘新的商业与管理学教师和/或兼职教授来讲授这门学科——通常专注于小企业。填补这些空

---

[1] 参见www.nationalconsortium.org。当然，企业家精神的话题已经扩散到商业和经济学之外的许多学科。（本书脚注若无特别说明，皆为原书注。）
[2] 科学和工程领域学生需求的增长部分来自专业科学硕士学位课程学生人数的增长。参见www.sciencemasters.com。
[3] 课程主题包含从经济思想史到培养创造性的商业文化，以及从买卖策略到风险资本市场的运作的范围。

缺的讲师通常来自商界而非学界。随之而来的指导倾向于强调"动手"的商业实践和具体问题，而不是概念问题或历史先例。结果，在满足此时此地的迫切需求的同时，企业家精神的思想史也被牺牲掉了；或者它只是成为普遍的反历史偏见的又一个受害者。如果这种趋势继续下去，有可能关于企业家主题的所有历史视角都将丢失。[1]

我们写这本书是为了保留一个重要的历史视角。我们的阐述源自经济学（而非社会学或管理学）的角度，因此它并不主张其方法具有全面性。本书按年代顺序追踪了经济文献中的企业家，以便为当代关于企业家精神的各种著作和学说提供一个更有益的视角。在接下来的章节中，我们根据18世纪至今的经济文献所揭示的那样，回顾了企业家以及企业家精神的历史性质和作用。[2]这种调查在几个方面具有指导意义。例如，它显示了一个概念的含混性质，而由于熊彼特的重大影响，该概念已在经济发展理论中占据主要地位。我们将了解到，除了熊彼特的企业家精神概念，还有其他的企业家精神概念。实际上，纵观历史，企业家拥有过许多种形

---

[1] 在现在用作教材的许多书籍中，企业家的历史起源通常被认为是坎蒂隆，但随后作者们就跳到熊彼特，忘记了介于两者之间的那些学者，忘记了熊彼特和其他人一样并没有提出企业家的概念。
[2] 本书的其余部分围绕我们早期的调查（Hébert and Link, 1988, 2006）展开；然而，在过去的二十年里，我们对许多早期著作的解释已经发生了变化，我们将在本书中进行介绍。

象，发挥过许多种作用。我们的历史调查也说明了"理论"与"实践"之间经常存在的紧张关系。我们将了解到，经济理论难以吸收一个核心概念，而该概念在社会和经济变革中发挥了重要作用。最后，我们的历史调查将依照古往今来一些伟大经济学家的想法，揭示企业家精神的许多不同方面。

历史上的经济学文献给了企业家不少于十二种身份。我们将在本书的其余部分详细探讨这些身份中的每一个。但首先我们要揭示我们将遇到的各种主题。

1. 企业家是承担与不确定性相关的风险的人。
2. 企业家是提供金融资本的人。
3. 企业家是创新者。
4. 企业家是决策者。
5. 企业家是行业领袖。
6. 企业家是经理或主管。
7. 企业家是经济资源的组织者和协调者。
8. 企业家是企业的所有者。
9. 企业家是生产要素的雇主。
10. 企业家是承包商。
11. 企业家是套利者。
12. 企业家是资源在替代用途中的分配者。

很明显，它们之间存在着相当大的重叠。一些作者强调不止一个特征。一些观点是相互竞争的；一些是相互补充的。总之，企业家是一种难以把握的人；总之，企业家精神是一种难以把握的活动或心态。然而，当我们考虑这个列表时，我们惊讶于其对企业家是一个动态的而非被动的经济主体的大量强调。经济主体的主动性（dynamisim）不是一件小事。在《华尔街日报》的一篇题为《动态资本主义》的文章（发表于2006年10月10日）中，2006年诺贝尔经济学奖获得者埃德蒙·S.菲尔普斯比较了西方两种盛行的经济体系，即自由企业与社团主义（corporatism）。他总结说，只有前者提供的开放、鼓励和灵活性，才能最大程度地实现来自企业家的新商业理念。菲尔普斯将主动性定义为：经济体在提出被认为在技术上可行且有利可图的创新想法上的丰裕程度——简而言之，经济体在商业成功创新方面的才能。因为竞争与企业家精神如此紧密地联系在一起，他可以很容易地在"企业家经济"和"社团经济"（corporate economy）之间进行对比。

放眼美国以外的地方（甚至是美国境内的某些地区），人们所遇到的主要是针对菲尔普斯所颂扬的那种动态资本主义的敌意。例如，为什么资本主义在西欧备受谴责？原因无疑是错综复杂的，但其中一个原因似乎是：许多知识分子无法摆脱马克思主义的思维模式。正如菲尔普斯所指出的，今天的街头抗议者似乎将商业等同于既得财富，因此他们认为给商业以宽容度就等于增加了旧财富的特权，加剧了收入差距。这些批评者所说的"企业家"是指银行或工厂富有的所有者，而对于熊彼特来说，它意味着这样一个新来者，他向着既得财富逆流而上，从以前不存在的机会中寻找新的利润，并在这个过程中让消费者过得更好。显然，在地缘政治舞台上的观念之战中，知识结构很重要。这难道不足以证明，我们需要探究历史记录所揭示的企业家的性质和作用吗？

第1章

企业家精神的史前史

企业家的功能可能与易货和交换制度一样古老——如果它的名称没有那么古老的话。但只有在经济市场成为社会的一个侵入性元素之后，这个概念才变得至关重要。许多经济学家已经认识到企业家在市场经济中的关键作用。然而，尽管企业家在经济活动中发挥着核心作用，他在经济理论史上一直是一个神秘而难以捉摸的形象。

在企业家精神研究达到成熟阶段之前，我们必须能够回答两个简单而关键的问题：（1）谁是企业家？（2）他做了什么让他与众不同？遗憾的是，这两个问题的答案远非明确。在现代经济中，企业家行为和非企业家行为之间的区别通常是模糊的。且这个概念的历史并没有得到充分的理解或重视。因此，企业家精神的定义可能几乎与该主题的学者一样多。约瑟夫·熊彼特在其简明扼要的《经济分析史》（Schumpeter, 1954）中详细追溯了该主题的历史，但这个故事的很多内容他没有讲。书籍和期刊文章零碎地处理着这个问题。企业家精神被不同学科（例如经济学、社会学、管理学）剖析的趋势进一步强化了其碎片化的本质。

如前所述，本书以其经济学视角为界限。作为一门独立的学科，经济学的历史也不过两个多世纪。这使它成为社会科学、商业和管理领域中的老政治家，但在人类活动史上却还是一个婴儿。早在亚当·斯密于1776年形成和构建经济学之前，关于企业家精神性质的信息就已源源不断地涌现，但在这一早期阶段，最异乎寻常的是对企业家精神性质的记录一片空白。

商人和冒险者

早期的经济思想敏感地察觉到了这一事实，即经济活动是人的活动，且行动主体大致可以分为两类：领导者和追随者。无论现在定义多不明确，企业家才能始终与领导者的素质密切相关。除了皇室成员外，企业家通常会出现在商人或军队的行列中。军事领导人尤其够格，因为战争通常因经济原因而起。在战斗中制定和执行成功战略的将军承担了相当大的风险，并有望获得可观的经济利益。

古代商人通过与军事领袖不同的方式，也使自己和他们的财产承担风险。确实，在早期，交易者和冒险者的功能通常合并在一个人身上。例如，马可·波罗是一位冒险者，他寻求建立通往东方的重要贸易路线，而东方是一片拥有许多新奇产品的土地。即使是不那么四处游荡的商人也习惯面对诸多风险。然而，商业上的勇气并不等同于战斗中的勇气，古代哲学家看不起商人。亚里士多德，一方面承认商人在社会中的地位，但又不认为他具有崇高的使命。相反，他必须被时刻留意，以免因其过度的热情和贪婪而让社会遭受损失。根据亚里士多德（Aristotle, 1924: 20）的说法，赚钱这一行为本身分为家政管理和零售贸易。他认为前者是必要的和光荣的，但后者则是不自然的，因为它为人们提供了一种以牺牲他人为代价来谋取利益的方式。

当然，古希腊对维持现状（the status quo）的关注，部分是由于将经济活动解释为一种零和游戏，其中一个人的收益就是另一个人的损失——这一思想的主导地位一直持续到了18世纪。根据这种观点，贸易对提高社会的总体福祉没有任何帮助。数百年的市场经验本应教会我们情况并非如此，但值得注意的是，这种想法在当代社会中仍顽固存在。今天，许多受过良好教育的人仍然怀疑利润（即对成功企业家精神的回报），这部分是由于西方长期以来将生意人等同于妖魔的传统。

商业组织的早期形式

强调人类决定在经济活动的策略属性中的重要性这一趋势,在很大程度上取决于盛行的商业组织类型。[1]在古代和中世纪世界,贸易规模较小;然而,资本要求是最重要的。资本家和商人冒险者之间的联系取决于他们所签订的合同。大约从1000年开始,根据被称为"穆图阿"(mutua)的合同,即贷款由不动产严格担保,以20%的利息借出资金已成为习惯。在12世纪后期,最常见的商业投资形式是海上合伙(societas maris),这是一种旅行和投资伙伴之间的合作协议,其中支付的利息通常较高,但海难和海盗的风险由出借人而不是商人承担。根据雷蒙德·德罗弗(De Roover, 1963a)的说法,旅行伙伴总是踏上危险的海上航行,处理实际的业务,冒着生命和肢体的危险,却只获得了四分之一的利润,而四分之三的大部分都给了投资伙伴。作为解释,德罗弗评论说,资本家获得了更高的回报,因为"生命是廉价的,而资本是稀缺的"(De Roover, 1963a: 49)。

在13世纪欧洲最活跃的贸易社会威尼斯,最流行的合同被称为"合伙"(colleganze,其他地方称为"康孟达",

---

[1] 反过来也一样;也就是说,商业组织的类型可以根据企业家活动的性质进行调整。关于这一点,请参见Alvarez and Barney, 2005。

commende）。通过这些合同，资本家可以通过向代理人承诺四分之一的利润来雇用代理人，或者一个有进取心的商人可以将其他几个人的投资集中到自己手中。在14世纪，商人和冒险者可以通过一种被称为"当地合伙"（local colleganza）的合同形式，根据市场利率的条件获得资金（Lane, 1963: 316）。随着贸易的扩大，资本有时会集中于一个完整的商业合伙企业（"公司"，compagnia）中。

人们预计此类安排中的资本成本将反映发生的风险量；事实上，古代的贸易文件普遍证明了这一点。然而，弗里茨·雷德利希（Redlich, 1966）在中世纪对高利贷的禁令中找到了资本高回报的解释。教会的禁令禁止中世纪的商人在一些贷款市场上借入资金并支付合理的利率。但某些类型的商业合同不受禁令的约束，包括合伙和海上合伙，因此，企业家们被宗教制裁强迫在教会批准（或至少不禁止）的安排中寻求信用。随之而来的对商业资本供应的限制可能导致利率上升。

中世纪的经济作者主要是在教会的支持下写作的神学家。德罗弗（De Roover, 1963b: 82–83）声称他们对伦理的关注严重限制了这些作者对某些问题（其中包括企业家精神）的兴趣。邓斯·司各脱和圣贝尔纳迪诺是例外。他们同意商人有权获得风险补偿和劳动报酬，尽管数额受到"公平"的限制。圣贝尔纳迪诺还强调了优秀商人应具备的品质：他们必须对风险有良好的判断力；他们必须充分了解产品质量、价格和成本；他们必须注意细节；他们必须准备好承受艰辛和各种风险。

产权与企业家功能

回顾古代和中世纪关于企业家精神的文献——尽管这种文献可能是稀疏的——可以收集到两个要点。首先，商人-冒险者在古代和中世纪社会中是司空见惯的。其次，他的成功与否，取决于他在克服风险和/或法律与制度约束方面的表现。本书其余大部分内容都是关于风险与企业家精神的关系。因此，我们有责任谈谈法律因素和制度因素。

企业家（无论是古代的还是现代的）在一个本身经常屈服于企业家努力的制度环境中工作。也就是说，有些"政治企业家"为了自己的利益而努力改变制度结构和实践。政治企业家精神不是本书的重点；尽管如此，重要的是要在调查的早期阶段认识到制度在塑造企业家活动和奖励方面的重要作用。下面的历史例子强调了这一点。

涉及风险承担和个人主动性的企业家精神，其早期表现存在于中世纪的包税实践中。在中世纪社会，包税人（tax farmer）是成功竞标到以王室之名征税的专有权的人。每个竞标的金额以一种可预测的方式与竞标人对他可以收取的税款的评估相关。对于将税收外包出去的君主来说，好处是他知道自己的收入并能提前收到这些钱。包税人所面临的风险是，他收取的税收收入可能少于他为特许收税权（franchise to collect taxes）所付的钱。当然，如果他收取的金额超过了他的出价金额，他就会从差价中获利。包税的做法可以追溯到古希腊，如果再仔细调查，可能会发现甚至更古老。

包税的实践有助于解释产权所有权和这些权利的保障如何影响企业家的行为。激励每个企业家行动的动力是获得利润的机会。但盈利虽然是必要条件，却并不是企业家活动的充分条件。企业家还必须得到合理的保证，即他可以保留他合法获得的企业家利润。因此，市场经济中的某些制度实践将倾向于鼓励高水平的企业家活动，特别是（1）一个允许平等获得企业家机会的自由和开放的经济，（2）对合法获得的财产所有权的保证，以及（3）建立（1）和（2）的制度实践的稳定性。

或许包税作为一种企业家活动的盛行和长久存在是由于财政企业家相对于商人-冒险者享有更大的保障，后者的财货会遭受火灾、盗窃、风暴和其他破坏，并且他的利润不会始终体现他在监督或管理上的勤勉。

一个概念的演化

弗里茨·雷德利希（Redlich, 1966: 715）坚持认为，一方面，在商业企业中，资本提供与管理和战略决定同等重要，因为这三者都是商业成功所必需的。另一方面，他说道，"当我们在特定情况下看待单个企业时，这三个功能中的任何一个都可能暂时成为'最主要的'。"关于企业家精神的历史，我们也可以说类似的话。随着时间的推移，构成"企业家精神"的一个方面或另一个方面已经引起了人们的关注。承担风险是最早与企业家精神相关的主题之一。但随着有限责任法律概念所产生的新商业组织形式的建立，企业家精神的风险承担功能变得不那么重要了。随后，在经济发展理论中，对创新的强调开始超过企业家精神的其他方面。第三波企业家理论——至今仍波及现代经济文献——强调在一个趋向均衡的框架中感知和调整的重要性。

"企业家"一词在经济学的史前史中并不经常出现。这是一个源自法语的词，在18世纪得到了普遍使用，但并不精确，《萨瓦里通用贸易词典》（1723）将企业家定义为承担项目的人；一个制造商；一个建筑大师。企业家一词的早期形式"entrepreneur"早在14世纪就出现了。（Hoselitz, 1960）在整个16世纪和17世纪，该术语最常见的用法是指政府承包商，通常是军事要塞或公共工程的政府承包商。

中世纪典型的企业家，通常是神职人员，是"负责伟大建筑作品——城堡和防御工事、公共建筑、修道院和大教堂的人"（Hoselitz, 1960: 237）。直到12世纪末，发明家、计划者、建筑师、建筑商、经理、雇主和监督者的功能都结合在企业家的概念中，但风险承担和资本提供是这个概念的一部分。随着资本主义开始取代封建主义，执行艺术和技术功能的人与承担一项重大任务的商业方面的人之间出现了更清晰的区别。

第一个缩小这个术语的含义、为其注入精确的经济内容并赋予其分析突出地位的作者是理查德·坎蒂隆，他是18世纪的生意人和金融家，他对这个主题的看法将在下一章讨论。坎蒂隆的著作是企业家理论发展的一个分水岭，正是因为当我们开始讨论他的主题时，重点已经完全放在了在市场经济中完成事情的纯商业方面。

后记

从一开始，企业家精神的功能就与资本的可用性以及与商业企业相关的风险交织在一起。这种联系最终导致了资本家和企业家角色的混淆，这反过来又阻碍了对企业家精神的全面和明确理解。因此，正如我们将在后续章节中看到的，企业家的概念不断地被重新发明以适应个别经济学作者的目的。此外，如果不彻底了解市场如何在一组给定的财产权中发挥作用，就很难对企业家精神有正确的评价。

第2章

早期法国学者的贡献

企业家在经济理论中的关键作用首先得到了理查德·坎蒂隆(1680?—1734?)的认可,他的《商业性质概论》(下简称《概论》)在他去世后的1755年出版,在一小群法国经济学家中私下流传了20年。尽管有几位法国作者在私下流传期间随意借用了坎蒂隆的手稿,但它在出版后相对受到忽视,直到19世纪新古典经济学的先驱威廉·斯坦利·杰文斯才重新发现它。如今,坎蒂隆的《概论》被理所当然地认为是早期经济文献的经典之作。杰文斯激动地称其为"政治经济学的摇篮"。

坎蒂隆的生平只有相当零星的细节。他有爱尔兰血统,经常被与同名的亲戚相混淆。迄今为止,他的确切出生年份无法确定,就连他的死因也笼罩在神秘之中。他是一位成功的银行家和金融家,但争议一直困扰着他。在巴黎,他以约翰·劳臭名昭著的通胀计划"密西西比泡沫"为代价发了财。坎蒂隆自己就表现出了相当高的企业家技能，他预见了由劳的"系统"所引发的事件进程，并从它提供的金融机会中获得了丰厚的利润。

1716年，劳获得法国摄政王的许可，成立了一家皇家银行。此后不久，他获得了独家特许经营权，在新世界成立了一家贸易公司，俗称密西西比公司。该公司垄断了法国的对外贸易，最终开始通过交易公司股票换取债务凭证来承担法国政府的债务。有了这些凭证，就有了征收某些税款的专有权。对投资者的巨额股息承诺推动股价大幅上涨，随之而来的是股票投机狂潮。1720年，当股票价值与公司资产的实际价值不成比例时，该系统崩溃了。

在投机热潮达到顶峰之前，坎蒂隆清算了他所持的密西西比公司股份，从而赚取了大量财富。他将自己的股票收益重新投资于英国和荷兰，通过向英国投机者提供资金来助长英国的投机狂热，这些投机者购买了密西西比公司的股票，随后他们将这些股票作为贷款的抵押品。坎蒂隆确信劳的计划最终会失败，在股票价格暴跌之前出售了被抵押的股票，因此，除了从贷款中获得的利息之外，他也将投机利润收入囊中。这种做法引起了其借款人的无数诉讼，但坎蒂隆面对他们的索赔，成功地捍卫了自己。这种金融上的敏锐表现使坎蒂隆本身就成为了一名成功的企业家，但他的智识遗产更能证明他的才能。

企业家与市场

坎蒂隆名垂青史的《概论》，勾勒出了基于个人财产权和经济相互依存——或者他所说的相互"需要和必需"——的萌芽期市场经济的轮廓。在这种早期的市场经济中，坎蒂隆承认了三类经济主体：（1）土地所有者，他们在经济上独立；（2）企业家，他们为获利而自担风险从事市场交易；（3）雇员，他们放弃主动决定以确保获得稳定收入的合同保证（即固定工资合同）。

坎蒂隆将地主描述为经济的"经营方法（fashion）领袖"。凭借他们的财富和社会地位，他们建立了符合个人品味和偏好的消费模式。据说坎蒂隆将土地所有者置于其经济体系的顶端，但仔细研究他的著作，就会发现企业家是经济的核心参与者。坎蒂隆的《概论》有一百多次提到企业家是经济过程中的关键人物。他把这规定为一个普遍原则：企业家在市场经济中进行一切生产、流通和交换。作为一种动力，企业家比土地所有者重要得多，土地所有者共同决定总需求，但在其他方面退居经济活动的边缘。

坎蒂隆的企业家是从事交易以获取利润的人；具体来说，他是一个在不确定性面前进行商业判断的人。这种不确定性（财货在最终消费途中的未来销售价格）受到相当谨慎的限制。正如坎蒂隆所描述的那样，企业家以一定的价格购买，然后以不确定的价格再次出售，其价差就是他们的利润或者损失。

坎蒂隆时代的主要生产者是农场主。坎蒂隆写道，"农场主是企业家，他承诺为他的农场或土地向土地所有者支付一笔固定金额，但没有得到他将从该事业中获得利润的保证。"作为一名企业家兼生产者，农场主决定如何将他的土地分配给各种用途，"但无法预见哪种用途最赚钱"。他必须应对变化无常的天气和需求，将自己置于风险之中。坎蒂隆写道，没有人"能预见一个国家一年内的出生和死亡人数"，或家庭支出的上升和下降，"农场主的产品价格自然取决于这些不可预见的情况，因此他在存在不确定性的情况下经营他的农场企业"。（Cantillon, 1931: 47-49）于是，在企业家精神和不确定性之间有了明确的联系。

在市场经济中，通过同样面临不确定收入的其他经济主体，农场主与消费者联系在一起。财货通常由中间商——生产者和消费者之间的中介——进行分销。这些中间商在市场上面临着不确定性，就此而言，他们也是企业家。这些中间商主要在城市为其服务寻找市场。坎蒂隆（Cantillon, 1931: 49）观察到，有超过一半的农业产出在城市里被消费掉，企业家们在这里开店，从农场接收财货并转售给最终消费者。通过承运商和批发商的手，货物从农场转移到客户手中，由于城市里每天的价格波动，承运商和批发商也面临着风险。时间是不确定性的使女。

这座城市也为其他企业家创造了机会，他们居住在这里并愿意承担风险，以便在适当的时间和地点提供财货。每一位都代表分配链中的一个环节。因此，将财货运送到城市的企业家通常会将其卖给批发商，批发商接着在零售端卖给最终消费者。通过这种方式，部分风险从承运商转移到批发商，从批发商转移到零售商——每个零售商都为消费者提供了时间和地点上的效用。

随着市场的发展，自利的企业家在各地涌现，在利润的诱惑下不断前进，并因相互需要或互惠而团结在一起。这些企业家受到鼓励，因为他们知道消费者愿意多付一点钱，以便在方便的时候小批量购买，而不是为了最终使用而承担大量储存的不便和费用（Cantillon, 1931: 51–53）。

坎蒂隆打破常规，强调企业家的经济功能而不是他的社会地位。社会地位实际上与坎蒂隆的企业家精神概念无关。企业家的行列里挤满了各个社会阶级的人。他甚至将乞丐和强盗都认定为企业家，只要他们敢于冒险（即面临经济不确定性）。然而，作为企业家并不排斥他的其他身份。企业家和非企业家都加入了与其他市场参与者的互惠贸易协议，这样他们就"成为彼此的消费者和客户"，并根据供需规律调节自己与客户的比例。与其他所有市场一样，企业家的市场将根据市场情况进行调整。坎蒂隆写道，"如果相比购买帽子的人数，制帽商的数量太多……一些最少得到光顾的人肯定会破产。"然而，"如果他们太少，这就会成为一项有利可图的事业，鼓励新的制帽商开店……因此，一国的各种企业家都会根据风险调整自己"。（Cantillon, 1931: 53）

不确定性和风险

坎蒂隆认为不确定性是市场经济活动所固有的东西。他没有详细分析风险和不确定性的性质；他只是将企业家的功能与不确定性联系起来——隐含地与风险联系起来——并以这种方式为这个概念赋予了经济内容。自弗兰克·奈特（1885—1972）的著作出版以来，在经济学中已经习惯于区分风险和不确定性。奈特指出，某些形式的风险可以通过保险来减轻。为了可保，必须有一个已知的与风险相关的概率分布，这要么是因为有大量个体暴露于风险中，要么是因为同一个人反复暴露于相同的风险中。[1]

尽管我们不能将这种区分归功于坎蒂隆，但相当清楚的是，在其分析中处于核心位置的不确定性概念不是可保的。在坎蒂隆的世界里，关于未来的信息不仅是未知的，而且在很大程度上也是不可知的。虽然保险公司倾向于承保按可预

---

[1] 奈特关于企业家精神的思想在第6章中有更详细的讨论。

测频率发生的指定风险造成的损失，但它们通常不为判断错误提供保险。然而，坎蒂隆的企业家经常被要求运用他们的商业判断力，如果他们猜错了，他们就必须付出代价。

坎蒂隆是一位精明的生意人，他显然知道可以用来限制风险的制度安排。但这些事情对他的企业家精神理论影响不大。他对不确定性的讨论是在事物不可知的意义上进行的。这种不确定性，我们现在称之为"奈特的不确定性"，是竞争性[1]市场活动的本质所固有的，因此在坎蒂隆的经济愿景中，实际上无法区分竞争和企业家精神的概念。一个是另一个的结果。

资本与企业家精神

在互相竞争的各种企业家精神理论中，一大永恒的争论点是企业家和资本家的角色可以在多大程度上分开。在任何商业企业中，资本通常都处于风险之中。如果企业家不提供资本，在什么意义上可以说他承担风险？一个企业家精神的风险承担理论是否要求企业家拥有一定量投入到盈亏游戏中的资本资产？如果资本家和企业家是同一回事，那么即使不是不可能，也很难确定各自功能的回报。但如果他们不一

---

[1] 原文为"competitive（rivalrous）"。——编者

样，企业家在什么意义上承担风险？如果一个人没有什么可失去的，还能有什么东西称得上损失吗？

坎蒂隆在这个问题上比他的许多继任者更全面。很明显，他的企业家必须冒险，但不一定是金钱意义上的资本。他似乎很欣赏现代的人力资本概念，尽管他实际上并没有提出这个概念。坎蒂隆引用了商业（烟囱清扫工、运水车）、艺术（画家）和科学（医生、律师）的例子，提到了"不需要资本来成就自己的自我劳动的企业家"。他甚至将乞丐和强盗列为企业家。（Cantillon, 1931: 53）

当代经济学认识到，即使是身无分文的企业家也会因其时间和才能面临机会成本而遭受潜在损失。考虑一个没有财力的个人。假设他预见到一个机会，这个机会承诺一个不确定的回报率，并且他以一个固定的合同利率借入资本。如果企业经营不善，借款人无法偿还约定的本金和利息，则财务损失将完全由贷款人承担。但正如S.M.坎布尔（Kanbur, 1980: 493）所说，任何企业的收益和损失都必须根据企业的机会成本进行评估。如果一位潜在的企业家能找到的替代职业有一份安全的回报，他成为企业家的决定就可能会带来损失——他最终的境遇可能比他从事一份安全的职业时更糟。从这个意义上说，潜在的企业家面临着风险。

对于预见到不确定机会并采取行动的有财力的人来说，问题在于如何区分开他作为资本家的风险承担角色与作为企业家的风险承担角色。从概念上讲，这样做是可能的，但我们必须关注13世纪威尼斯的合伙，或古希腊的海上合伙的运作模型。在这些安排中，资本家和企业家的功能是分开的；前者是投资合伙人，后者是旅行/管理合伙人。可以预计，在这种安排中，资本的机会成本将不同于企业家努力的机会成本，并且必须与这些不同的成本成比例地概念化（和最终衡量）各自的风险。

未来的预兆

坎蒂隆认为，企业家精神的起源在于个人对未来缺乏完美的预见。坎蒂隆没有将这种缺乏预见视为一个市场体系的缺陷，而是将其接受为人的状况的一部分。不确定性是日常生活中一个普遍存在的事实，而那些必须在经济决定中不断应对不确定性的人是企业家。因此，对经济分析重要的是企业家的功能，而不是他的个性。坎蒂隆非常强调这一功能是市场体系的核心，并且，离开它，我们所知的市场就无法运作。

坎蒂隆概念的其他一些方面值得注意。他对企业家在市场经济中的角色的描绘具有明显的供应侧重点。他的企业家不会通过新的生产或销售技术来创造需求；他只是听从了经营方法领袖（地主）这个阶级的指挥。因此，企业家在正确的时间和地点提供适当的财货或服务，以满足预定的消费者需求。为了产生预期效果，他必须向前看（forward-looking）。他必须警觉（alert），因为当特定的供应和需求不匹配时，该理论要求企业家立即采取行动。但是坎蒂隆的企业家并不需要严格意义上的创新。

此外，让企业家努力的行动不仅限于生产。从以上关于中间商和零售商的段落，以及坎蒂隆对套利者作为企业家的承认来看，这一点是清楚的。坎蒂隆（Cantillon, 1931: 150–152）注意到农村与巴黎的价差所创造的利润机会，断言只要它们能够覆盖运输成本，企业家"将以低价购买村庄的产品，并将它们运到首都［城市］以更高的价格出售。"

即使是像这样的纯套利行动，对企业家一方来说，也涉及不确定性。套利者可以感知到产品在一个地方以一种价格出售，而在其他地方以更高的价格出售；但如果他先买后卖，他必须小心。交易不是即时的，在此期间可能会发生一些事情，将看似确定的利润变成亏损。

尽管我们不能将完整的利润理论归因于坎蒂隆 —— 也不能归因于任何早期经济学家 —— 但值得注意的是，他意识到了企业家利润的合理性（和必要性），因为企业家利润能让企业家的功能得以施展。因此，他在经济理论史的早期确立了利润的经济和社会必然性。

我们认为，坎蒂隆的企业家概念对于正确理解经济分析中的概念非常重要。但他的观点并不占主导地位，它本身也不完整。它至少在一个重要方面是短视的。坎蒂隆将"君主"、地主和某些劳动者排除在不确定性之外。今天，我们认识到经济的不确定性比他所允许的更为普遍。路德维希·冯·米塞斯（Mises, 1949: 253）曾断言"任何生产资料（无论是有形财货还是货币）的所有者都不会免于未来的不确定性的影响"，此时他是正确的。坎蒂隆的企业家精神概念需要拓宽，后来，奈特和米塞斯做到了。不过那是另一个故事了。

坎蒂隆在18世纪的法国开创了一个重要的分析传统。基于总收入循环流动的想法，他提出了资本主义经济如何运作的构想，赋予企业家一个关键角色。结果，大陆经济学家对企业家的重要性比他们的英国同行（至少从亚当·斯密到约翰·穆勒）更加警觉。然而，这一概念的全面开花既不迅速也不直接。

坎蒂隆去世后，法国的经济分析由一群自称"经济学家"（Economists）的作者主导。然而，随着经济学家这个词变得更加通用，历史学家开始将这一特殊的法国作者群体称为"重农学派"（Physiocrats）["重农主义"（physiocracy）一词意味着自然统治（rule of nature）]。这是一个单一的团体，拥有单一的领袖弗朗索瓦·魁奈（1694—1774）。魁奈分享了坎蒂隆的基本经济构想，他通过发展一个他称之为经济表（Tableau Économique）的明确的分析模型来阐述坎蒂隆的财富循环流动的概念。这是对一般均衡系统的首次数学表达。

弗朗索瓦·魁奈

魁奈在六十多岁时进入经济学，作为一名医生和医学、生物学和哲学书籍的作者，他取得了相当大的成功。他作为医生的名声将他带入了路易十五的宫廷，在那里他亲自为蓬巴杜夫人服务。在经济学领域，他的名声在于他对国民收入分析的开创性贡献，以及他对第一个有凝聚力的经济思想流派的公认领导力。魁奈之所以能够吸引追随者支持他的观点，部分源于他的魅力个性，部分源于他的分析内容。该分析具有丰富的理论和政策含意，但其全部重要性在这里并不需要讨论。我们更感兴趣的是重农主义对企业家精神理论的贡献。

魁奈和他的门徒们分析了农业资本主义的性质和运作。他们的分析体系具有三个经济阶级，它们可以通过各自的经济功能加以区分。资产阶级拥有它租给生产阶级（即农场主）的土地的财产权，生产阶级反过来生产第三阶级（即工匠）所需的原材料。重农主义的独特之处在于它将经济剩余的生产归因于农业且仅归因于农业。这种剩余是通过农业产出超过其成本的价值来衡量的,并且由经营者以每年支付给土地所有者的租金的形式索取。

魁奈分析的一个主要优点是它强调了资本对经济增长的至关重要性。在重农主义制度中,资本来自地主,他们最有可能积累财富。企业家作为农场主存在于经济中。魁奈(Quesnay, 1888: 218–219)区分了小规模农业(petite culture)和大规模农业(grande culture),将企业家描述为大型农场的经营者。他将富有的农场主描述为"通过他的智识和财富从事管理并让其生意盈利"的企业家。他脑中所想的是一个资本家农场主,他在别人拥有的土地上拥有和经营自己的生意。因此,他的企业家是企业的独立所有者。

魁奈对个人能量、智识和财富的强调具有启发性,但他没有进一步发展企业家的想法,也没有将其应用扩展到农业之外。一般来说,重农主义忽略了企业家作为工业领导者的概念。事实上,重农主义的拥护者坚持认为制造业是"没有产出的",因为它无法产生剩余。

尼古拉·博多神父

魁奈的门徒中,有一位值得注意的作者提出了一种预示未来发展的企业家精神理论。他是一位神职人员,名叫尼古拉·博多(1730—1792)神父,起初是重农主义的敌人,但后来改信其体系。博多将农业企业家视为风险承担者（以坎蒂隆的方式），但他添加了明显的现代风格。他也使企业家成为创新者，这个创新者发明和应用新技术或想法以降低其成本，从而提高其利润。企业家精神的这些新方面——发明和创新——代表了对坎蒂隆理论的重要进步，因为它们预示了熊彼特——他的"创造性破坏"理论主导了该主题的当代讨论——在20世纪对企业家精神的重新表述。

博多的企业家精神概念与坎蒂隆相似，但只是在一定程度上。让我们考虑一下农业企业家所面临风险的性质。他付给地主的地租是农场收入超过必要生产成本（包括他自己的服务费）的剩余。对于佃农来说，租金是在生产之前确定的成本。重农主义者倾向于通过长期租赁尽可能稳定这些成本，而工资率通常固定在或接近维持生存的水平。因此，长期租赁经营的农场主面临一定的固定成本，但收成不确定，因此销售价格也不确定。正如我们所见，这正是坎蒂隆的企业家的处境。

博多超越坎蒂隆的地方在于对能力的重要性的强调和分析。博多强调了"智识"（intelligence，即企业家收集和处理知识和信息的能力）的重要性。智识——知识和行动能力——也赋予了企业家一定程度的控制力，因此他不仅仅是资本家的棋子。博多的企业家是一个主动的主体，他寻求增加产量和降低成本。（Baudeau, 1910: 46）

重农主义著作中充满了改进农业技术的建议，其中许多是针对提升人力资本或传播更好的信息的。霍塞利茨（Hoselitz, 1960: 246–247）列出了他们的几个建议：翻译有关农业的英文文本；在全国范围内分发描述新工具、作物或程序的手册和指南；奖励；荣誉；农业研究；示范农场；以及试点项目。重农主义者相信，当正确的知识变得可用时，获利机会将引发合意的创新。因此，企业家作为创新者出现在经济文献中的时间相对较早。

博多的企业家精神理论假定经济事件分为两类：受人控制的和不受人控制的。就企业家面对受其控制的事件而言，他的成功取决于知识和能力。就他面对不受其控制的事件而言，他将自己置于风险之中。从这个意义上说，博多的企业家精神理论比坎蒂隆的更一般，后者侧重于不确定性的影响，而不涉及管理控制。

安‑罗伯特‑雅克·杜尔哥

A. R. J. 杜尔哥（1727—1781）在法国政府的杰出行政生涯（在1774—1776年担任路易十六的财政部长时达到顶峰）确保了他在历史上的地位。杜尔哥出生于诺曼的古代贵族家庭，是一位才华横溢、兴趣广泛的早熟青年。他的众多天赋之一是对经济学领域的清晰阐述，尽管他拒绝了经济学家的标签（Meek, 1973），但他作为作者的主要成就是勾勒出了企业家经济理论。

杜尔哥的思想与重农主义的思想在任何方面都不一致。然而，他与魁奈核心圈子的成员关系良好，并且，他通过将资本所有权确立为商业中的一项单独经济功能，扩展了企业家精神。杜尔哥笔下的资本家必须决定是将他的资本借给别人还是投资于他自己的企业。如果他选择后者，他必须进一步选择投资形式是土地、制造业还是商业。如果他购买土地，他就成为地主和资本家。如果他投资于他的特定业务所需的各种财货，他就会成为企业家和资本家。如果他决定以货币的形式借出他的资金，他仍然只是一个资本家。与坎蒂隆不同，杜尔哥没有预示到"纯"企业家的概念。

在杜尔哥的体系中，资本所有权是成为企业家的资格，但这两种功能却是截然不同的。资本家可以不是企业家，但企业家不能不是资本家。因此，杜尔哥的企业家的显著特征不是他的资本，而是他的劳动。企业家希望通过自己的劳动来获得独特的回报。

杜尔哥认为资本可以被用于不同的渠道：农业、制造业或商业。主动运用于这些渠道中的任何一种，资本都应该比仅仅用于购买土地产生更多的利润，因为前者需要企业家"大量照料和劳动"。资本也能够以不需要"大量照料和劳动"的方式使用——例如，购买提供未来收入来源的年金。但这不会构成杜尔哥体系中的企业家行动。因此，杜尔哥（Turgot, 1977: 86）宣称：

> 那么，除了资本的利息外，企业家每年还必须赚取利润，以补偿他的照料、劳动、才能和风险，并为他提供额外的东西，以弥补他每年的预付款的损耗——他不得不从一开始就将这些预付款转化为容易劣化并且暴露在各种事故中的财产。

罗纳德·米克（Meek, 1973）认为，坎蒂隆分析的是这样一个社会，其中资本家-企业家刚刚开始从独立工人行列中分离出来，而杜尔哥分析的是这样一个经济，其中这个过程已经完成，资本主义制度在经济活动的所有领域都得到了巩固。在《关于财富的形成和分配的思考》（1766）中，杜尔哥清楚描绘了资本主义涵盖所有生产领域的经济图景。在他看来，"勤劳的"阶级分为企业家和受雇的工人。他坚持在前者的利润和后者的工资之间进行尖锐但有些人为的区分。他还认为，自由竞争很普遍，垄断不存在；土地所有权只是另一种资本投资；并且财货（goods）的普遍过剩是不可能的，因为储蓄会立即转化为投资。他没有在他的理论中纳入任何关于技术进步的内置详细说明，也没有暗示企业家是创新者（或资本家-劳动者以外的任何东西），他也没有强调经济的动态方面。

将杜尔哥对企业家的描述与魁奈和博多的描述进行比较是有益的。虽然魁奈并没有详述一个企业家精神的完整理论，但他的描述，即企业家是一个以"他的智识和财富"创造价值的农场主，蕴含了丰富的内涵，为随后博多和杜尔哥提供了一个出发点。博多增加了组织、创新和风险的元素。杜尔哥忽视创新但强调管理，他将企业家的功能推广到经济的各个领域。霍塞利茨（Hoselitz, 1960）将杜尔哥的企业家精神理论置于法国早期观点和英国观点的中间；前者认为企业家主要是风险承担者（例如，坎蒂隆和某种程度上的博多）或生产协调者（例如，萨伊和某种程度上的博多），后者将企业家主要视为资本家。

让－巴蒂斯特·萨伊

J. B. 萨伊（1767—1832）延续了坎蒂隆开创的法国传统，将企业家置于整个生产和分配过程的核心。霍塞利茨（Hoselitz, 1960）认为，萨伊的灵感和对这一主题的强烈看法来自他作为工业企业家的实际经验（他在加来海峡管理着一家纺织厂），而不是来自他与其他法国经济学家的相识。尽管如此，萨伊还是美化了一个从根本上属于杜尔哥的企业家概念——减去了与资本家的共同联系。

在其《政治经济学概论》（1803）的晚期版本和《实用政治经济学完整课程》（1828—1829）中，萨伊最充分地发展了他对企业家精神的看法。他的分析在两个不同的层面上进行。一方面，他对当时的企业家在现有制度约束下的实际行为进行了经验描述。另一方面，他独立于任何特定的社会框架揭示和分析了企业家的核心功能。在这最后的努力中，萨伊转向了企业家精神的一般理论。

正如我们所断言的，企业家活动的活力取决于财产权的构成、分配和保障。因为企业家活动是逐利的，它需要激励来推动它。这些激励是由代议制政府内的财产权结构提供的。萨伊（Say, 1845 [1803]: 127）对此非常清楚，他宣称"政治经济学只承认财产权是对财富倍增的最有力的鼓励"。此外，在私有财产在现实中和在权利中都存在的情况下，"只有这样，生产资源（即土地、资本和工业）才能达到其最大程度的繁殖力"。

萨伊将人的工业分为三个不同的业务，企业家理论是其中的一部分。第一步是科学的步骤。在制造任何产品（例如一辆自行车）之前，必须了解有关其性质和用途的某些知识。例如，必须知道车轮能够进行连续的圆周运动，并且施加在链条和链轮上的力可以推动车轮前进。第二步，即企业家的步骤，是将这些知识应用于有用的目的（即开发一种具有一个或多个轮子的机械装置，能够将某人从一个地方运送到另一个地方）。最后一步，即生产性的步骤，是通过手工劳动制造物品。

萨伊的企业家履行社会功能，尽管萨伊并未让他成为一个独特的社会阶级的成员。他是生产的主要主体，其角色对效用的生产至关重要。他对知识的应用绝不能只是随机事件。企业家必须通过"市场"测试；也就是说，要成为企业家的应用，每个应用都必须导致价值或效用的创造。这需要可靠的判断，这是萨伊的企业家的关键特征之一。按照萨伊的说法，一个企业家必须能够估计客户的需求以及满足这些需求的方式；他可能缺乏对科学的个人知识，他可以靠雇用他人而避免弄脏自己的手，但他不能缺乏判断，因为没有判断，他可能会"以巨大的代价生产出没有价值的东西"（Say，1840 [1828—1829]，Vol. 1：100）。

萨伊的企业家是一种经济催化剂——一个关键人物。但萨伊并没有效仿坎蒂隆的做法，将不确定性作为企业家精神的支柱。风险对于萨伊的企业家精神概念是附带的，因为他认为企业家活动没有必要依赖资本积累。在经济文献中，企业家活动第一次成为当代意义上的管理的同义词。管理者可以（但不一定）向企业提供资金。从理论上讲，萨伊毫不费力地分离了企业家功能和资本家功能，尽管这两种功能可以而且经常在同一个人身上结合起来。

归根结底，萨伊的企业家既是监督者，又是管理者。这个人：

> 需要结合一些往往不能兼有的道德品质。判断、毅力，以及对世界和商业的了解。他被要求尚属准确地估计特定产品的重要性、需求的可能数量及其生产方式；在某一时期，他必须雇用大量人手；在另一时期，购买或订购原材料，召集劳动力，寻找消费者，并始终严格关注秩序和经济；总之，他必须具有监督和管理的艺术。
>
> （Say, 1845 [1803]: 330–331）

霍塞利茨（Hoselitz, 1960）在萨伊和坎蒂隆之间做了两个区分，这两个都是有问题的。一个区分是萨伊的企业家是一个普遍的调解人（例如，在地主和资本家之间；在科学家和工人之间；在生产者和消费者之间），而坎蒂隆的企业家不是。这种说法是可疑的，因为萨伊没有考虑到最活跃的调解人，即套利者，而坎蒂隆则明确承认套利者是企业家。此外，坎蒂隆赋予企业家的唯一功能是调解市场经济中需求量和供应量之间的差异。从《政治经济学概论》中极高的出现频率来看，企业家在这方面的能力几乎无处不在。

霍塞利茨的第二个区分是，与坎蒂隆和重农学派不同，萨伊没有将他的企业家限制在资本主义社会。从技术上讲，这是正确的，但萨伊的论点总体上是为了重申个人自利产生了合意的社会后果，并且他完全意识到（就像亚当·斯密一样）市场经济提供了允许自利全面开花的社会框架。然而，在次要的一点上，霍塞利茨是非常正确的：萨伊的企业家（调解人）可能在资本积累之前出现在原始社会中。换句话说，企业家可以在不使用资本的情况下指导和监督原材料和体力劳动。但这一点肯定同样适用于坎蒂隆的乞丐和强盗"企业家"。

萨伊理论有一个方面特别重要，因为它确立了传统范式，也为未来打破传统提供了一个出发点。萨伊的企业家可以被描述为均衡的"守护者"。萨伊称赞为企业家活动的必要条件的"判断"仅限于生产过程中的关系，并没有延伸到该过程之外的新过程的发现或新社会结构所激发的变化。由于没有看到资本积累（投资）和企业家活动之间的必然关系，萨伊没有将企业家置于一个动态的环境之中。他的角色是在一个以产品价格与其生产成本相等为特征的纯静态均衡中构想出来的。在这个系统中，企业家收入的主要来源不是作为风险溢价的利润，而是作为支付给高技能稀缺劳动力的工资。

在后来的作品中，萨伊（Say, 1845 [1803]）确实将企业家描绘成一种优秀的劳动者。他将类比扩展到企业家的一种"市场"，其中他们的工资由供求关系决定，并且他在讨论企业家供给的决定因素方面进行了一定程度的讨论。从狭隘的理论角度来看，他对企业家的处理是向前迈了一步，因为它区分了人类和非人类主体在生产中的各自贡献。但它并没有使这个概念更接近于企业家精神的"纯"理论。[1]通过将企业家主要描绘成一种优越的劳动形式，萨伊有意无意地将注意力从企业家的独特性以及他作为动态经济中变革力量的角色上转移开。

A. L. C. 德斯蒂·德·特拉西和亨利·圣西门

萨伊对19世纪的法国经济学产生了重大影响。像斯密一样，他能够捕捉到他那个时代的精神，他的《政治经济学概论》的体例被证明更适合在高等教育机构中正变得普遍的经济学教学法。因此，它成为大西洋两岸大学的主要"教科书"，特别是在美国，它受到托马斯·杰斐逊的欢迎并被广泛采用。然而，新的竞争者很快就出现了。在众多竞争者中，有两个特别突出——一是以其清晰性，另一是以其预见性。

A. L. C. 德斯蒂·德·特拉西（1754—1836）和亨利·圣

---

[1] 一位反对萨伊的企业家精神理论的法国经济学家是库塞尔–塞内尔（1813—1892），他坚持认为利润不是工资，而是由于承担风险。奈特（Knight，1921：25n）感知到"一个事实，即一个人的判断有错误的'风险'假设——这是做出负责任的决定所固有的——是一种不同于保险意义上的'风险'假设的现象"，并把这灵感归功于塞内尔。

西门（1760—1825）共同享有贵族出生的优势，在一个法国贵族的等级和特权在各方面都受到威胁的时代。严格来说，两人都不是经济学家，尽管他们都面临着无法脱离经济考虑的社会问题。德斯蒂·德·特拉西是最后的启蒙哲学家之一，并且，与萨伊一道，是法国自由主义学派最早的成员之一。他创造了"意识形态"（ideology）这个词，他的意思是观念科学（scienceofideas）。直到后来，这个词才带有贬义。德斯蒂·德·特拉西对经济学的任何主题都没有做出重大贡献，但他仍然具有吸引杰出人才的非凡能力。他拒绝重农主义的价值观念，取而代之的是后来得到李嘉图认可的劳动理论。

像重农学派一样，德斯蒂·德·特拉西颂扬了农业经济的优点。但他超越了农业的狭隘界限，抓住了比单纯的农业更为普遍的新兴资本主义的本质。他首先被经济活动的盛行所震惊。他写道，"整个社会不过是连续不断的交换"；因此，"我们或多或少都是商业的"。（Tracy, 1817: 35）"商业和社会是一回事"。（Tracy, 1817: 68）在这种社会构想中，特拉西给予了企业家广泛的支持。他断言，资本先于所有企业（无论大小），因此企业家必须有资本来履行其功能。但是企业家和资本家就一定是同一个人吗？

德斯蒂·德·特拉西显示出杜尔哥和萨伊的综合影响，给出了肯定的回答。他写道，世界分为理论、应用和执行。

科学提供理论；企业家将科学应用于商业；劳动生产出科学和应用创造的最终产品。德斯蒂·德·特拉西（Tracy, 1970 [1817]：36, 39-40）断言，科学家和工人：

> 永远在拿企业家的报酬，因为知道如何用头脑或双手去帮助企业是不够的：必须先有一个企业；承担它的人，必然是选择、雇用和支付合作者的人。现在谁能承担呢？就是已经有资金的那个人，他可以用这些资金来满足设施和用品的最初费用，并支付工资直到第一笔回报。

与坎蒂隆一样，德斯蒂·德·特拉西强调了企业家奖励的不确定性。他承认风险和机会成本是影响企业家精神供应的因素，但他将企业家的成功或失败"完全取决于他能够生产的效用数量，其他人购买它的必要性，以及……他们为了获得它而支付给他的钱财。"

圣西门伯爵克劳德·亨利·德·鲁弗鲁瓦是一个充满多彩人物的时期里一个有些疯癫的人物。西方经济学家通常不会认真对待他，因为他的学说被认为包含社会主义的元素，最终还包含神秘主义。他是一位多产的作者和空想家，不分青红皂白地将胡说八道与预知未来的预言混为一谈。最重要的是，他痴迷于社会和经济变革的本质。他对经济学的兴趣源于他对社会秩序合理化的热情。

圣西门认为社会政策应该适应生产的需要。他欢迎封建主义的解体和取代它的工业主义的出现。工业主义意味着技术战胜落后，科学和理性战胜迷信和习俗。圣西门对工业社会的看法几乎是约翰·肯尼斯·加尔布雷思（Galbraith, 1967）技术统治论（technocracy）的翻版。爱德华·S.梅森（Mason, 1931）将圣西门的目标称为"工业合理化"。这意味着商业领袖的优势地位，经济"专家"的技能在竞争的熔炉中得到锻炼。圣西门的生产者社会需要那种能够应用既定原则来实现公认目标的人。最终，这要求将商业纳入政治，并要求政客成为生产者。

如果按照18世纪的圣西门或20世纪的加尔布雷斯所建议的方式进行重组，社会是否会保持竞争力，这是个问题。尽管圣西门在他的经济结构中给予了企业家一个突出的位置，但他并没有发展超出商业领袖概念所暗示的概念。他自己也不关心经济分析本身，尽管经济分析必然先于重组任务。他满足于斯密和萨伊的经济分析和经济政策。最后，他的门徒将他的学说变成了一种宗教，从而削弱了它对寻求分析操作工具的严肃经济学家的吸引力。

后记

即使是粗略回顾18世纪和19世纪初法国经济文献也可

以发现，企业家被视为市场经济的重要组成部分。然而，这一概念的发展并未遵循严格的进化论原则。这些早期作者预见了企业家的许多方面，这些方面将在后来的著作中重新出现，包括企业家是这样一个人，他承担风险；提供金融资本；是一位行业领导者、管理者和经济资源的协调者；充当套利者；并分配资源。一个孤独的声音甚至预示着这位企业家是创新者。当经济学家试图发现和阐明市场规律时，企业家的定义和功能出现了变化，先是由一位作者，然后是另一位作者——甚至在具有共同语言的作者之间也是如此。

在别的海岸，不同语言和文化的作者也处理了这个概念。我们将注意力转向古典经济学鼎盛时期（约1776—1870）英国和德国的发展。

第3章

英国思想学派

亚当·斯密之前的英国传统

在18世纪,法语术语"企业家"(entrepreneur)有三个常用的英语对应词:"冒险者"(adventurer)、"规划者"(projector)和"承担者"(undertaker)。第一个术语在15世纪适用于冒一定风险经营的商人,在17世纪适用于土地投机者、农场主和指导某些公共工程项目的人。在18世纪,冒险者一词逐渐让位于更笼统的承担者一词,当亚当·斯密成为政治经济学的鼻祖时,该词已成为普通生意人的代名词。规划者这个词在基本意义上与其他两个相当,但它更多地具有骗子和流氓的贬义。"承担者"一词不仅使用频率更高,而且具有更多不同的含义,其历史或多或少平行于其法语对应词的发展。

最初,承担者一词只是指着手完成一项工作或完成一个项目的人，但这个概念演变成政府承包商的概念——自己承担财务风险，执行政府施加给他的任务的人。该术语后来扩大到包括那些从王室或议会获得独家特许权的人，例如包税人或受命排污的人。渐渐地，与政府的联系被剔除了，这个词只是用来指代参与可能从中获得不确定利润的风险项目的人（Hoselitz, 1960: 240–242）。[1] 不知为何，到19世纪，承担者这个词已经获得了送葬者的特殊含义。部分由于亚当·斯密使用这个词的方式，承担者最终在英国作者中被"资本家"（capitalist）这个词所取代。

浪费的人、规划者和亚当·斯密的审慎的人

在18世纪，最经典的经济分析是亚当·斯密的《国民财富的性质和原因的研究》（1776，下简称《国富论》）。但斯密更早在《道德情操论》（1759）中讨论了企业家类型。在《国富论》中，企业家以三种不同的形式出现：冒险者、规划者和承担者。斯密轻蔑地谈论了前两个，并且只对承担者表示了无条件的认可，他将其认定为"审慎的人"（prudent man）——这是一个在《道德情操论》中得到详细发展的概念。

---

[1] 然而，直到1931年，在坎蒂隆的《概论》的英文翻译中，亨利·希格斯才用"承担者"一词取代了坎蒂隆多次提到的"企业家"，这给当代读者带来了一种明显不合时宜的味道。

根据斯密的说法，冒险者是那些将资本投入最困难的企业的人，尽管风险很大，但他们对自己的成功充满无限信心。斯密（Smith, 1976b [1776], vol. 1: 128）将某种程度的非理性归因于这种行为，因为尽管"一般利润率总是随着风险或多或少有所上升，但它并没有……与风险成比例地上升，或者完全补偿风险"。因此，冒险者在经济发展理论中并不是稳定的主体。尽管"大胆的冒险者有时可能会通过两三次成功的投机获得一笔可观的财富"；他"同样可能会因为两三次不成功的投机而失去一笔可观的财富"。（Smith, 1976b [1776], vol. 1: 130–131）

根据斯密时代的权威词典《波斯尔思韦特词典》，规划者有两种类型。一类是狡猾、不法、心机、欺骗；另一类具有独创性且正直，从事诚实的发明。波斯尔思韦特补充说，因为"鹅总是比天鹅多，与前者相比，后者的数量非常微不足道"。或许，由于诚实的规划者数量不多，斯密（1976b [1776], vol. 2: 562）批评了第一类规划者，他们设计了"昂贵和不确定的项目……会导致参与其中的大部分人破产"，例如"寻找新的银矿和金矿"。这样，规划者对社会是有害的，因为"在农业、矿业、渔业、商业或制造业，每一个不明智和不成功的项目都倾向于……减少用于维持生产性劳动的资金"（1976b [1776], vol. 1: 341）。斯密（1976b [1776], vol. 1: 340）将规划者与浪费的人等同起来，在他的判断中委婉地说道:"每一个浪费的人似乎都是公众的敌人,而每一个节俭的人似乎都是公众的恩人。"

在波斯尔思韦特之后,斯密承认并非所有的规划者都是浪费的人。对于审慎的人,斯密(1976b [1759], vol. 6: 215)说:

> 如果他着手进入任何新的项目或企业,它们很可能会被精心协调和准备。他永远不会出于任何不可避免的情况而匆忙或被迫进入它们,而是总是有时间和闲暇来清醒和冷静地考虑它们可能产生的后果。

审慎的人是节俭的(即他积累资本)并且是缓慢但稳定进步的主体。

这种将企业家视为威胁或恩惠的处理方式使企业家精神的概念变得混乱。结果,博学的学者们嘲笑斯密。约瑟夫·斯彭格勒(Spengler, 1959: 8-9)将斯密的企业家描述为本质上是被动的:"一个审慎、小心、没有过多想象力的人,他适应环境而不是改变环境"。约瑟夫·熊彼特建立了自己独特的动态企业家精神概念,他在很多方面都对斯密没有同情心,尤其是他对企业家角色的看法。根据熊彼特(Schumpeter, 1954: 555)的说法,如果逼问他,斯密不会否认没有企业是自动经营的,但是:

这正是他的读者得到的总体印象。商人或主人积累"资本"——这实际上是他的基本功能——并用这种"资本"雇用"勤劳的人",即工人,其余的工作由他们完成。在这样做的过程中,他使这些生产资料面临损失的风险;但除此之外,他所做的只是监督他的企业,以确保利润能够进入他的口袋。

恩佐·佩夏雷利(Pesciarelli, 1989: 525)为斯密辩护,声称他对"以利润为生"的社会阶级的讨论强调了计划要素以及资本的占有。佩夏雷利从《国富论》的以下段落中获得了文字支持:

资本雇主的计划和规划,支配和指导所有最重要的劳动活动,而利润是所有这些计划和规划提出的目的。……在这个阶级中,商人和大厂主是通常使用最大资本的两类人。……由于他们一生都在从事计划和规划,他们的理解力往往比大部分乡绅更敏锐。

(Smith, 1976b [1776], vol. 1: 266)

佩夏雷利提出了许多有用的观点,但即便如此,他还是隐含地承认了斯密的作品必须仔细挖掘才能找到构成他对该主题的贡献的少数有用的宝石。佩夏雷利（Pesciarelli, 1989: 527–528）收集了《国富论》中散布的各种暗示，并以斯密在《道德情操论》中提出的"审慎的人"概念对其进行补充，提供了以下斯密的企业家的综合图景。

· 斯密的承担者面临风险和不确定性。
· 斯密的承担者制定计划和规划以赚取利润。
· 斯密的承担者寻求所需的资金以实施他计划的事业。
· 斯密的承担者将生产要素组合和组织起来。
· 斯密的承担者检查并指导生产。

如果有人接受佩夏雷利的重构观点，那似乎是把斯密相当松散地置于坎蒂隆的传统中，坎蒂隆是斯密在写《国富论》时就认识的作者。

利润由组织和指导的劳动来决定，这一观点来自杜尔哥。斯密拒绝了这个概念，认为劳动就是劳动，不管是谁花费的。

> 资本的利润与这种假定的监督和指挥劳动的数量、辛苦、才智不成比例。它们完全由所使用的资本的价值来调节，并且与这种资本的大小成正比。
> （Smith, 1976b [1776], vol. 1: 66）

然而，在纠正杜尔哥的错误时，斯密似乎混淆了生产财货、资本、利润和利息，这导致了我们所看到的矛盾（或忽视）的指控。

查尔斯·塔特尔（Tuttle, 1927: 507–508）声称，当时盛行的商业实践是斯密未能区分资本家和企业家的功能的原因。在当时的英国和法国，资本所有权是成为企业独立负责人的先决条件。这一事实反映在杜尔哥和斯密的著作中，他们都认为资本的所有权是理所当然的；然而，斯密更加强调资本所有权是企业家精神的基础。

佩夏雷利的基本特征列表中缺少企业家与创新之间的任何明确联系。我们知道，斯密对资本主义社会中创新的影响非常敏感。事实上，他是最早将创新视为一项专业活动的经济作者之一。在对工人发明的评论中，斯密（Smith, 1976b [1776], vol. 1: 21）指出，制造业的许多改进是由工人完成的，但更有学问的一类人——"他们被称为哲学家或投机者"——也发挥着关键作用。那类有学问的人，"他们的职业不是做任何事情，而是观察一切……因此，他们往往能够将最遥远和不同的对象的力量结合在一起"。托马斯·爱迪生可能很容易纳入这群"哲学家–发明家"。这是一个潜在的富有成果的研究路线，不幸的是，斯密没有发展到任何可衡量的程度。

18世纪的发明家（即斯密的"哲学家"或"投机者"）按照当代标准是业余爱好者。然而，斯密将创新视为专业活动的观点是超前的。他认为创新是分工的产物，而分工又取决于市场的规模。因此，创新首先出现在廉价运输扩大的市场中。此后的富裕和进步伴随着劳动分工，随着这种进步，创新者或发明家变得更加专业化，"科学的数量大大增加"。

杰里米·边沁：作为承包商的企业家

斯密提倡高利贷法以防止过度的财政资源落入浪费的人和规划者手中，这引起了杰里米·边沁（1748—1832）的反对，他是斯密的追随者，也是法国哲学家们的崇拜者。（正如许多后来的经济学家一样）边沁认为这一点很奇怪：自由放任的使徒会主张政府干预金融市场——他通过捍卫法定利率这样做了。斯密在以下段落中提到"清醒的人"是对谨慎的承担者（其行动他是认可的）的一次临时提及。

> 应当注意，法定［利］率，虽然应该略高于最低市场利率，但也不应高得太多。例如，如果大不列颠的法定利率被固定在8%或10%的高位，那么大部分供放贷之用的货币将借给浪费的人和规划者，只有他们愿意给这么高的利息。清醒的人不会冒险参加竞争，为了使用

货币，他们只会付不超过他们可能通过使用货币而获得的收入的一部分。这样一来，该国的大部分资本就不会落入最有可能有利可图地利用它的人手中，而被扔给最有可能浪费和破坏它的人手中。相反，如果法定利率是固定的，但比最低市场利率略高一点，那么，作为借款人，普遍受欢迎的将是持重的人，而不是浪费的人和可疑创办者。贷款人从前者那里得到的利息几乎和他敢于从后者那里得到的利息差不多一样多，而且他的钱在前一类人手中比在后一类人手中安全得多。因此，国家资本的很大一部分，会被投入到最有可能好好利用它的人手中。

（Smith, 1976b [1776], vol. 1: 357）

在其《为高利贷辩护》（1787）中，边沁详细说明了反对高利贷的法律如何限制借贷资本的总量，以及这些法律如何使外国资金远离国内资本市场。这两种影响往往会扼杀成功企业家的活动并阻碍经济发展。他认为，利率上限往往会歧视新项目的企业家；由于新颖，这些项目比那些已经被经验证明有利可图的项目风险更大。此外，高利贷法等法律限制无法辨别好项目和坏项目。

边沁批评斯密低估了有才能的人的作用，他们的想象力和创造力推动了国家的进步。他将创新视为人类发展的原动力，将规划者视为创新者。因此，他谴责斯密将浪费的人和规划者混为一谈。后者的显著特点是他们脱离常规的行为模式，脱离大众群体，并在此过程中发现新市场，寻找新的供应来源，改进现有产品或降低生产成本。边沁（Bentham, 1952: 177）断言，要成为一名规划者，就需要勇气和天才，我们将"所有这些连续的进取"归因于这些品质，正是"通过这些连续的进取，艺术品和制成品从最初的无关紧要变为了现在的光彩夺目"。边沁（Bentham, 1952: 170）认为，规划者通过影响改进来创造效用，无论这些改进"是生产任何适合人类使用的新物品，还是改善我们已知的任何物品的质量或减少费用。简而言之，它依赖于人的力量的每一次运用，在这种运用中，聪明才智需要财富作为它的助手"。

这种观点与熊彼特的相似是明确无误的。[1]

佩夏雷利中肯地指出，斯密和边沁之间争论的焦点在于，他们各自对人类进步有着不同的看法。作为他们不同观点的副产品，每个人对企业家都有不同的概念。边沁的企业家是一个杰出的个体，一个出类拔萃的人，是社会中的少数人。斯密的企业家是一种常见的类型，在社会上普遍存在；

---

[1] 佩夏雷利（Pesciarelli, 1989: 531）指出，熊彼特在其《经济发展理论》（参见第7章）中强调的构成创新的五种新组合，有四种是边沁先前就确定的。

他是一个在经济活动中自我控制以得到同胞认可的人。

> 审慎的人不自觉地促进了社会的利益，因为他自觉地限制了对自己利益的追求。他是看不见的手的看得见的推动者；他是斯密对自我调节机制运作的信念的支点，也是界限。

（Pesciarelli, 1989: 534–535）

这些截然不同的观点导致了不同的经济发展概念。对于边沁来说，经济发展是由涉及（最广义上的）改进的不连续变化触发的，并导致非线性的进步路径。斯密关于经济进步的概念是缓慢的、渐进的、统一的，并且不受突然变化的影响。

在支持规划者的事业时，圆形监狱的发明者边沁在某种程度上是在为自己的情况辩护。圆形监狱是边沁给他的模型监狱取的名字，其中涉及建筑和制度性质的创新。边沁的理想监狱是圆形的。所有的牢房都围绕着一个中央凉亭同心排列，其中包含一名巡查员——顶多是少数几名巡查员。从他的中央前哨，检查员可以很容易地看到正在发生的一切，但百叶窗系统使他不会被别人看到。这种安排还允许监狱管理人员，甚至是外部访客，在不被人看到的情况下巡查囚犯。根据边沁的说法，对囚犯的这种不断监视会剥夺他们做恶的能力，甚至意愿。边沁从来没能吸引到足够的支持者来使他的模型监狱成为现实，他提议作为其模型监狱的伦敦场地随后被泰特美术馆占据。

边沁的弟弟塞缪尔设计了圆形监狱背后的建筑理念，他首先在俄罗斯帝国应用了这种理念。边沁的独特贡献是一项行政创新，它比监狱改革的一般问题更切合我们的主题。边沁通过引入涉及合同管理的行政安排完成了圆形监狱的建筑创新。这种安排特别有趣的是，它的成功取决于企业家的动态活动和适当的经济激励结构。

对边沁来说，只有当行政计划同时保护囚犯免受狱警的严厉对待并保护社会免受行政人员的浪费时，监狱才会发生真正的改革。在他看来，选择是在合同管理和公立管理（trustmanagement）之间。埃利·阿莱维（Halévy, 1955: 84）解释了这两种行政安排之间的差异：

> 合同管理是由一个这样的人来管理，他与政府打交道，并负责管理这些囚犯，按每个人头收费并将他们的时间和精力用于个人利润，就像一个师傅和他的学徒一样。公立管理是由单个人或一个委员会管理，他（们）以公共费用维持机构，并将罪犯的工作成果上缴国库。

在边沁看来，公立管理无法在企业家的利益和责任之间建立适当的结合点。因此，它的成功取决于"公共利益"这一激励因素。像他的导师斯密一样，边沁对个人利益作为人的行动的动力更有信心。合同管理的美妙之处在于它在公众和企业家之间带来了人为的利益认同。边沁计划中的企业家是一个独立的承包商，他通过竞标"购买"了监狱的经营权，从而也获得了通过使用囚犯劳工获得的任何利润的所有权。这样的企业家–管理者以通过维护他的工人囚犯的健康和生产力来最大化他的长期收益。通过这种方式，公共利益与私人利益交织在一起。

1787年，边沁通过新的行政安排完成了合同管理的想法；他认为人寿保险提供了一种绝妙的方法，可以将一个人的利益与许多人的生存结合起来。因此，他建议，在查阅适当的死亡率表后，应该为当年每名将死于狱中的囚犯付给企业家（监狱管理者）一个固定的金额，条件是他必须在年底为在监狱中实际死亡的每个囚犯返还相同的金额。差额将是企业家的利润，因此企业家将获得降低监狱平均死亡率的经济动机。（Bentham, 1962 [1838–43], vol. 4: 53）

值得注意的是，除了这一事实，即在英国古典经济学家中，几乎仅有边沁一人在反复强调企业家是经济进步的主体之外，他对合同管理的行政安排将企业家重新定位为政府承包商，即为获得不确定利润而承担财务风险的加盟商。边沁还明确地将他的企业家–承包商概念与发明行动联系起来。

他将合同管理辩护为监狱管理的适当形式，理由是它是一种进步的创新，因此应该得到相应的奖励，不亚于发明家因其成功的发明而获得的奖励。（Bentham, 1962 [1838–43], vol. 4: 47）

大卫·李嘉图和"不幸的遗产"

对于政治经济学应该是什么，边沁和大卫·李嘉图（1772—1823）有着不同的看法。李嘉图将政治经济学视为发现社会一般规律的一种手段。无论其最终的实际后果是什么，李嘉图都认为经济理论与实践是分离的。他将政治经济学视为一门关于法则——均衡法则和进步法则——的科学。相比之下，边沁和斯密一样，将经济学称为人文（art）和科学，他对前者的关注与对后者的关注一样多。边沁和斯密将政治经济学视为政治学和立法的一个分支，从未脱离实践。

我们无法确定边沁对实践和理论的极大关注是否促使他看到企业家在经济活动中的重要性，但无论如何，他的企业家思想并未占主导地位。相反，斯密在经济学家中占据主导地位，因此他对企业家和资本家功能分离的蒙昧主义继续困扰着古典经济学。弗里茨·雷德利希（Redlich, 1966: 715）称其为"不幸的遗产"，因为否认企业家和资本家之间的功能分离意味着利润在资本主义经济中是不合法的。这一遗产留给了大卫·李嘉图，并通过他传给了卡尔·马克思。

总的来说，古典经济学家几乎没有谈到投资机会的起源和性质。对于李嘉图来说尤其如此，他认为资本家在寻求利润最大化时采取理性行动，但他忽略了投资所涉及的麻烦和风险。尽管他没有落入"假设所有投资都是有利可图的"这一陷阱，但像大多数古典经济学家一样，李嘉图将创新主要视为经济体系的外部因素。有时他认为随着财富的增加，最终所有进一步的盈利投资机会都会消失。这与熊彼特的观点形成鲜明对比，熊彼特扩大了企业家活动的范围和广度，使其成为其经济发展理论的核心。

从某种意义上说，李嘉图对企业家的忽视比斯密更应该受到责备。斯密熟悉魁奈，他也可能直接了解杜尔哥的作品。但除了强调的不同之外，斯密对企业家/承担者的看法与他的法国同行并无太大区别。反观李嘉图，他完全没有遵循与他同时代的萨伊的建议，即企业家是有别于其他生产主体的。斯密不可能这样做，因为他的工作比萨伊的著作早了将近30年，但萨伊在李嘉图的《政治经济学及赋税原理》（1817）出现前14年就已经使"企业家"一词变得正式并给出了定义。此外，在这14年的时间里，李嘉图至少可以获得萨伊作品的一个英文版本。然而，正如亚瑟·科尔（Cole, 1946: 3）所指出的，"不仅［企业家］这个词本身在李嘉图的著作中没有出现，在其对经济原理的处理中，也没有接受商业领袖作为变化主体的概念（除了作为技术改进的影子承担者）。"值得注意的是，在萨伊和李嘉图的通信中，没有提到企业家的本质和角色，他们通常的讨论都集中在价值的话题上。

英国古典经济学的衰落

相比斯密之后的任何其他作者，李嘉图提出的"研究计划"将对下一代经济学家产生最大的影响。因此，他未能将企业家视为独立生产主体，这预示着古典经济理论后来的发展。这种忽视模式的一个例外可以在约翰·穆勒（1806—1873）的作品中找到，他获得了李嘉图经济学的初步训练，但也受到杰里米·边沁的直接（和间接）影响。穆勒年轻时，曾担任边沁的秘书。他的家人曾经住在边沁在伦敦的庄园，他的父亲是边沁的忠实信徒，他自己承担起"在家教育"儿子的责任，以此证明他对边沁原则的信仰。

穆勒的《政治经济学原理》（1848）是英国古典经济学的一个分水岭。它由一个成熟的经济范式陈述组成，该范式首先由斯密阐明，并由大卫·李嘉图、罗伯特·马尔萨斯、纳索·西尼尔等人先后完善和发展。它也是旧学派（1776—1870）和新学派（1871—1920）经济学之间的桥梁。然而，穆勒对企业家精神理论的新贡献很少。他对"承担者"（undertaker）没有充分传达所期望的经济含义感到遗憾，并指出法语术语在此方面的优越性。（Mill, 1965 [1848], 406n）但在《政治经济学原理》中，穆勒在谈到企业家和他的经济回报时有些模棱两可。他将企业家的功能确定为指导、控制和监督。在一个地方，他观察到指导和监督的品质总是供不应求（Mill, 1965 [1848]: 108），在另一个地方，他认为像这些优秀的商业人才总是在获得普通利润的同时获得某种租金（Mill, 1965 [1848]: 476），从而接近（第4章讨论的）冯·曼戈尔特在理论上的重要创新。归根结底，穆勒没有明确区分资本家和企业家，坚持认为后者的回报是由风险溢价和监管工资组成的。这种观点代表了大多数英国古典经济学家的处理方法。

熊彼特（Schumpeter, 1954: 555）声称，萨伊是第一个给企业家在经济过程中赋予资本家之外的独特地位的人，但即使是萨伊也没有充分利用自己的洞察力，也没有清楚地看到它所有的分析可能性。边沁是第一个超越萨伊，对企业家精神的本质提出启发性见解的英国人，但他更关心的是制度改革（例如，圆形监狱和其他计划），而不是发展严格的经济分析原理的核心。穆勒读过边沁和萨伊，但他没有听从任何一位作者提出的企业家精神建议。他将企业家置于他的分配理论的背景中，主要关注土地、劳动力和资本作为生产的主体。这隐含的意思是，企业家要么是特殊劳动者，要么是劳动者和资本家的结合体。穆勒并没有真的接受企业家作为创新者的思想。例如，在他讨论发明和发现的劳动时，穆勒将其奖励仅仅视为一种工资。

穆勒将资本家的回报概括为推迟消费的机会成本（即纳索·西尼尔的"禁欲"概念）、资本风险补偿以及"监管工资"之和。他进一步断言，监管人员的工资与一般工资不同。具体来说，他坚持认为，监管的工资不像其他工人的工资那样是从资本中预支的，而是从利润中产生的，直到生产完成后才能实现。

在穆勒的时代，劳动工资由工资基金学说（wages-fund doctrine）解释，该学说将工资的来源视为在最终产出实现之前预付给工人的资本（即积累）。根据这种观点，可以支付给劳动的总金额受到先前积累的资本数量的限制。因此，穆勒对普通工资和监管工资的区分意味着监管工资没有这样的限制。但是我们仍然留下了企业家和资本家之间有点不愉快的联盟。由于这种功能上的"合并"，英国古典经济学没有为观察企业家在经济过程中的关键作用提供焦点。

后记

或许，英国学派最出名的是强化企业家作为提供金融资本的人的概念。杰里米·边沁提出了企业家作为创新者的思想，但边沁的想法并没有在其他古典经济学家中扎根。主导英国古典经济思想的斯密-李嘉图-穆勒传统在本质上保留了一种有些乏味的企业家精神概念。

第4章

德国传统

18世纪的德国经济思想与官房主义（cameralism）——对国家财政的研究——的关系最为密切。官房主义代表了这样一种经济理论，它认为公共收入是衡量经济繁荣的唯一标准。毫不奇怪，在这样的领域里，个体企业家的空间很小。由于亚当·斯密和让-巴蒂斯特·萨伊的迅速影响，政治经济学在1800年左右开始逐渐取代德国的官房主义。到了1814年，萨伊的《政治经济学概论》被翻译成德文，开始对德国经济学产生影响。

鉴于德国政治经济学起步较晚，因此令人惊讶的是，在尝试将企业家的利润确立为收入分配理论中一种独特的功能份额上，德国的发展速度比法国或英国都快。在戈特利布·胡费兰（1760—1817）、弗里德里希·赫尔曼（1795—1868），尤其是阿道夫·里德尔（1809—1872）的帮助下，J. H. 冯·屠能（1785—1850）和H. K. 冯·曼戈尔特（1824—

1868)做出了主要的发展。

胡费兰（Hufeland, 1815）认识到每份工资都包含一个稀缺性溢价。他一般化了这一思想，将企业家利润解释为一种由"能力租金"（rent-of-ability）组成的特殊工资。通过断言所有要素回报最终都来自消费者的收入，赫尔曼（Hermann, 1832）的理论经济学破坏了英国古典工资基金理论。像胡费兰一样，他将租金的概念一般化到所有要素，包括企业家。和萨伊一样，他将企业家视为在公司的制度结构内组织生产的人。

里德尔（Riedel, 1838）将坎蒂隆的企业家概念扩展为这样的经济主体：他承担不确定性以便其他人可以避免同样的不确定性（例如，通过建立固定价格合同）。里德尔认为，在获得收入的过程中，不确定性是不可避免的，而企业家为那些赚收入的人——他们厌恶风险并因此愿意用不确定性来换取对"确定之物"的保障——提供了一种有用的服务。作为"确定性"的提供者，企业家因其远见而受到奖励，或因缺乏远见而受到惩罚。如果他以高于合同规定的固定投入成本的价格出售财货，他就会获利；如果没有，他就会亏本。里德尔还探讨了企业家作为创新者和"团队生产"组织者的概念。通过将公司组织的问题与减少某些投入的收入不确定性的企业家功能联系起来，他（与冯·曼戈尔特一起）预见了罗纳德·科斯后来阐述的交易成本的性质（见第

9章）。

J. H. 冯·屠能

冯·屠能在经济学史上最著名的是他对区位理论的贡献，但在《孤立国》（1850）的第二卷中，他对利润的解释清楚地区分了企业家和资本家的回报。冯·屠能所说的"企业家收益"是利润减去（1）投资资本的利息，（2）商业损失保险，以及（3）管理层的工资。这个残差代表了对企业家风险的回报，冯·屠能（1960 [1850]: 246）将企业家风险确定为不可保风险，因为"不存在保险公司能够覆盖与企业相关的所有风险。有一部分风险总是要由企业家来承担"。

正如坎布尔（Kanbur, 1980）所主张的，机会成本为衡量这种不可保的风险因素提供了基础。冯·屠能（Thünen, 1960 [1850]: 247）似乎已经意识到了这一事实，如以下段落所示：

> 有足够财力来获得公共服务的知识和教育的人，他可以选择成为公务员，或者——如果同样适合两种工作——成为工业企业家。如果他选择前者，他一辈子的生活就有了保障；如果他选择后者，不幸的经济状况可能会夺走他的全部财产，然后他的命运就变成了每天

领工资的工人的命运。在对未来如此不平等的期望下，如果获利的概率不比亏本的概率大很多，那又是什么促使他成为一名企业家呢？

此外，冯·屠能清楚地认识到管理与企业家精神之间的区别。他坚持认为，为自己工作的企业家的努力与付费替代者（即"经理"）的努力不同，即使他们具有相同的知识和能力。企业家被迫承受伴随他的商业赌博而来的焦虑和不安。他度过了许多不眠之夜，全神贯注于如何避免灾难；而付费替代者知道自己已经履行了他的（最低）职责，可以在晚上睡得很香。任何一个培育过一家新企业的人都知道伴随这种企业家努力而来的焦虑。

屠能的处理方式中特别有趣的是，他如何将讨论从企业家的磨练转化为一种企业家才能发展的"熔炉"理论。企业家的不眠之夜并非徒劳无功；正是在这些不眠之夜，企业家制定计划并找到避免业务失败的解决方案。商业世界中的逆境因此成为企业家的训练场。"困难（necessity）是发明之母，"冯·屠能（Thünen, 1960 [1850]: 248）写道，"因此，企业家在遇到困难后将成为他所在领域的发明家和探索者。"因此，企业家"与有酬劳的经理相比，付出了更多的脑力劳动"，为此他应该得到"对他的勤奋、尽责和才智（ingenuity）的补偿"。这种额外的奖励是对企业家的合理支付，不亚于支付给新的有用机器的发明者的剩余。

使企业家精神理论向前迈出重要一步的原因是冯·屠能成功地结合了企业家理论的不同分支，一方面将企业家描述为风险承担者（坎蒂隆、穆勒），另一方面将他描绘为创新者（博多、边沁）。经济分析到1850年已经走到了这一步，我们很可能会质疑，熊彼特是不是在下个世纪反而倒退了一步，将风险承担排除在企业家精神的本质之外，将其意义仅限于创新活动（见第7章）。

冯·屠能非常明确地指出，企业家收入有两个要素：对企业家风险的回报和对才智的回报。他将这两者的总和称为"商业利润"，并在企业家精神和资本使用之间做出了鲜明的区分：

> 只有在生产性地使用时，资本才会产生结果，并且才是严格意义上的资本；这种有用性的程度取决于我们借出资本的利率。生产性使用以工业企业和企业家为前提。企业在补偿所有费用和成本后给企业家一个净收益。这个净收益有两个部分，商业利润和资本使用。
>
> （Thünen, 1960 [1850]: 249）

H. K. 冯·曼戈尔特

哥廷根大学和弗莱堡大学教授汉斯·冯·曼戈尔特完成了关于企业家主题的第二部具有里程碑意义的作品。冯·曼戈尔特的著作对于那些不熟悉德语的人来说仍然难以理解，但我们通过奈特（Knight, 1921）、熊彼特（Schumpeter, 1954）、哈奇森（Hutchison, 1953）和亨宁斯（Hennings, 1980）间接了解了他的贡献。奈特（Knight, 1921: 27）认为冯·曼戈尔特"对利润进行了最仔细和详尽的分析"，而熊彼特（Schumpeter, 1954: 556n）认为他关于企业家精神的著作是"自萨伊以来最重要的进步"。

冯·曼戈尔特试图改革赫尔曼的理论，在企业家的个人活动中寻找企业家精神的本质特征。赫尔曼坚持认为，某些类型的劳动与企业家精神的本质密不可分，如果将这些任务委托给其他任何人，委托人就不再是企业家。在这些任务中，赫尔曼列出了集聚资本、监督业务、保障信用和贸易联系，以及承担与非常规收益前景相关的风险。

冯·曼戈尔特放弃了赫尔曼的前三个企业家精神任务，认为这对"纯粹的"企业家精神概念是无关紧要的。他认为，尽管企业家通常以自己的资金和个人监督参与自己的企业，但这些服务也可以由受薪劳工提供。提取这两个要素后，赫尔曼的理论剩下的就是风险承担。根据冯·曼戈尔特

（Mangoldt, 1907 [1855]: 41）：

> 与企业家的概念密不可分的是，一方面，拥有企业的产出——控制所产生的产品，另一方面，对可能发生的任何损失承担责任。

因此，冯·曼戈尔特的企业家精神理论是以生产为导向和以风险为中心的。他区分了"按订单生产"和"为市场生产"。前者是安全的，因为服务和付款是同时进行的，从而消除了从生产开始到最终产品销售之间不断变化的市场条件的不确定性。后者是投机性的，因为产品注定要在需求不确定、价格未知的市场上进行交易。冯·曼戈尔特（Mangoldt, 1907 [1855]: 37）发现这种区分是有用的，尽管它并不精确，因为严格地说，"对服务的主观估计或［对服务的］报酬发生变化的每一种可能性都提供了这种不确定性"，并且"由于这种可能性只有通过服务和付款的完全同时进行来排除，因此任何需要时间完成的服务，在最严格的意义上，都不能按单生产"。

因此，这种区分提供了一种讨论企业家所面临的风险程度的方法。根据冯·曼戈尔特的估计，那些需要最长时间才能将产品送到最终销售点的企业所涉及的不确定性最大，而那些需要最短时间的企业则需要最少的企业家精神。风险和不确定性是问题的核心。企业家的独特之处在于他承担了共同决定任何企业成败的支出和收入波动的负担。在这方面，冯·曼戈尔特完全符合坎蒂隆开创的传统。

冯·曼戈尔特还提出了企业家利润是能力租金的概念，他坚持将企业家视为一种单独的生产要素。他将企业家收入分为三部分：不可保风险的溢价；企业家的利息和工资（仅包括对特殊形式的资本或生产努力——不允许所有者之外的任何人剥削——的支付）；以及企业家租金，即为他人所没有的独特能力或资产支付的费用）。阿尔弗雷德·马歇尔特别注意了最后一项，并在他对准租金原理的发展中赞许地引用了冯·曼戈尔特。

冯·曼戈尔特的理论并没有关注理想类型的企业家，而是关注他必须在不确定的竞争环境中做出的决定：技术的选择、生产要素的分配以及产品的营销。他认为成功的创新是企业家精神的一部分，但对企业家的分配功能表示了更多的兴趣。因此，他的贡献更多地属于资源配置的静态理论，而不是增长和发展的动态理论。

后记

德国的政治经济学传统孕育了商业领袖或企业家（*unternehmer*）的概念。冯·屠能和冯·曼戈尔特都是弗兰克·奈特的重要预示者（见第 6 章）——奈特在下个世纪复兴了坎蒂隆的企业家作为风险承担者的观点。从某种意义上说，冯·屠能的贡献可能被认为是两者中更重要的一个，因为它结合了承担风险和创新的元素，从而超越了在下个世纪占据主导地位的企业家精神概念。但查尔斯·塔特尔（Tuttle, 1927: 518）在谈及冯·曼戈尔特时说道，在他的讨论之后，"经济学家们不能再将[企业家的]功能仅仅视为其他功能的偶然事件，或者完全忽视它，就像迄今为止的情况。"H. C. 雷克滕瓦尔德（H. C. Rectenwald, 1987: 299）补充说，"曼戈尔特肯定预示了熊彼特的企业家理论。"

第5章

早期新古典观点

新古典时代

马克·卡森（Casson, 1987: 151）正确地声称，企业家的"消失"与新古典经济学派的兴起有关。古典政治经济学侧重于市场过程，在许多方面是一个发现过程：生产者和销售者必须发现消费者需求、资源可用性和资源成本；买家和消费者必须发现产品、价格和质量。在发现过程中，企业家在获取和使用信息方面发挥着重要作用。

1870年之后，经济理论不再强调信息，因为它转向了单个市场中价格形成和资源配置的基本规律，远离了对增长和收入分配的宏观经济关注。新古典作者开创的确定性模型强调完全信息和完全市场。前者使企业家决定变得微不足道，后者通过消除协调问题使企业家成为多余（Baumol, 1968）。除了少数例外，1870年后的经济分析变得越来越抽象和机械化。经济问题开始被视为在给定目的之间分配某些稀缺手段，而不是对目的本身的选择。在这个时代，古典时期的重大宏观经济问题 —— 如人口、资本供应和经济增长 —— 不再主导经济研究。

新的经济分析是由一群专业（professional）经济学家开发的，与他们的前辈主要接受哲学培训不同，他们在该学科中接受了更集中的培训。作为新学科"成熟"的标志，作为一个研究领域获得了独立的地位，"政治经济学"一词逐渐让位于"经济学"一词。相比以前，新的专业人士较少牢靠地扎根于哲学的母学科，而是更愿意将数学应用于经济推理。

尽管新经济学的问题基本相同，但在新古典时代，三种截然不同的观点在争夺至高无上的地位。这三种路径可以大致分为奥地利的、法国的和英国的。每一种背后都有不同的知识传统，每一种都在重新调整经济分析时强调不同的事情。在这三者中，奥地利的路径被证明对推进企业家理论最有成效，因为它单独保留了对市场过程的关注。

奥地利学派

随着1871年《国民经济学原理》的出版，卡尔·门格尔（1840—1921）确立了自己作为一个独特经济思想学派的创始人和早期领导者的地位。该学派随后出现了两个能干的门徒，弗里德里希·冯·维塞尔（1851—1926）和欧根·冯·庞巴维克（1851—1914）。门格尔经济学的核心关注点是将人类估价（valuation）的主观行动确立为经济理论的起点。在主观主义者看来，经济变化不是来自环境本身，而是来自个人对环境的认识和理解。尤其是，门格尔的分析很大程度上依赖于知识在个人决定中的作用。

尽管门格尔的生产理论次于他的价值理论，但我们仍然必须从他的生产理论中寻找企业家的价值。门格尔的生产理论始于财货的一般理论。要使某物成为经济意义上的财货，就需要认识到一件有用的事物与其满足人类需要的能力之间的因果关系，以及将有用的事物导向这种满足的行动。换言之，任何有用事物的财货属性都不是先天的；它必须通过人的行动来获得，这要求一个人认识到需要并努力满足它。

在奥地利学派的框架中，财货被根据它们的因果关系进行排序。用门格尔（Menger, 1950: 56）的例子来说，我们吃的面包、烤面包的面粉、磨成面粉的谷物以及种植谷物的田地都是财货。但有些财货直接服务于个人需要，有些则处于更遥远的因果关系。前者被称为"更低阶"的财货；后者被称为"更高阶"的财货。财货与直接满足需要的距离越远，在门格尔的财货阶数排序中指派给它的数字就越大。因此，面包是一阶财货，因为它可以直接满足饥饿感。面粉是一种二阶财货，因为它距离直接满足需求只有一步之遥。用来碾磨面粉的谷物，连同磨坊和在上面花费的劳动力，都是三阶财货。用于种植谷物的田地、农场主和设备是四阶财货，依此类推。

从前文我们可以看出，指定一种特定财货的阶数，就是表明它在某种特定的用途中与一种人类需要的满足具有更近或更远的因果关系。对于门格尔来说，高阶财货的最终特性取决于将高阶财货转化为低阶财货的能力。经济生产是这种转变发生的过程，低阶财货最终被导向满足人类需要的过程。这个过程需要时间。随着时间的推移，技术和运输的改进往往会不断缩短从高阶财货转化为低阶财货的各个阶段之间的时间，但时间差距永远不会完全消失。仅靠挥挥手无法将高阶财货转化为低阶财货。生产从来都不是瞬时的。

虽然门格尔从未详细阐述过他的企业家概念，但它符合刚刚概述的生产愿景。根据这种生产的一般理论，企业家是处理生产要素（即高阶财货）跨期协调的人。门格尔认识到，行业是纵向分解的，随着时间的推移，必须有人调整生产资源。这个人就是企业家。具有讽刺意味的是，企业家自己的技术劳动服务通常属于他为生产目的而掌握的高级财货。然而，使一个人成为企业家的并不是这种服务的供应；而是他的计算和决定能力使他的功能与众不同。门格尔（Menger, 1950: 160）确定企业家活动包括：（a）获取有关经济状况的信息；（b）经济计算——如果要使一个生产过程有效率就必须进行的所有各种计算；（c）将高级财货指派给一个特定生产过程的意志行动；（d）监督生产计划的执行，以便尽可能经济地实施。

门格尔的企业家活动概念的一个明显推论是，企业家必须面对他可以通过他所拥有的高阶财货生产的最终财货的数量和质量的不确定性。企业家所面临的不确定程度取决于他对生产过程的了解程度以及他对生产过程的控制程度。"这种不确定性，"门格尔说，"在人类经济中具有最大的实际意义。"（Menger, 1950: 71）

门格尔并没有试图将企业家与资本家联系起来，而且，事实上，如果他这样做了，那将是企业家理论的一次倒退。但他在风险承担方面的立场令人好奇，尤其是在他一再强调经济事务中不确定性的重要性的情况下。尽管企业家在生产过程中不断面临不确定性，但门格尔认为，承担风险并不是企业家的本质功能。门格尔（Menger, 1950: 161）注意到他在这个问题上与曼戈尔特的背道而驰，他断言风险对企业家精神来说是微不足道的，因为归根结底，损失的机会被获得的机会所抵消。[1]受奥地利学派传统教育的约瑟夫·熊彼特

---

[1] 这一说法的含义及含意并不十分清楚。在将所有"项目"集中在一起的长期分析中，可能会假定收益和损失之间的抵消趋势（参见Wieser, 1927: 355）。但从个人主义的角度来看，这种说法似乎等于说每个企业家机会都有50-50的成功机会。当然，并没有先验的或观察到的理由解释为什么应该是这种情况。事实上，霍利和克拉克后来驳斥了这一立场（见第6章）。

（见第7章）也否认承担风险是企业家精神的本质特征。但在某种意义上，熊彼特和门格尔是相反的。门格尔认为经济进步会导致企业家活动的发展，而熊彼特则认为企业家活动会导致经济进步。

弗里德里希·冯·维塞尔是卡尔·克尼斯的学生，但也是门格尔的门徒。他扩展了门格尔的想法，并为他的企业家增加了几个重要的维度，其中包括领导力、警觉（alertness）和风险承担。冯·维塞尔（Wieser, 1927: 324）以一种"墨守成规"但风靡一时的方式定义了企业家：他声称企业家根据"合法权利，同时由于他主动参与其企业的经济管理"而成为经济企业的负责人。履行法定代表人、所有者、雇主、债权人和债务人、出租人或承租人的各种功能，企业家的

> 经济领导权从企业成立开始；他不仅提供必要的资金，还提出想法，制定并实施计划，并聘请合作者。企业成立后，他在技术上和商业上都成为其经理。
>
> （Wieser, 1927: 324）

显然，冯·维塞尔试图将与企业理论和实践相关的一切都纳入他对企业家的伞状定义之下。他将企业家称为资本主义的"伟大人物"："大胆的技术创新者、对人性有敏锐了解的组织者、有远见的银行家、不顾一切的投机者、征服

世界的托拉斯董事"（Wieser, 1927: 327）。这是用粗笔作画。维塞尔的这位多才多艺的企业家不仅需要多才多艺，"他〔还〕必须具备快速感知的能力，随着事务的发展抓住当前业务中新条件；〔并且〕他必须具有独立的决断力，根据自己的观点来管理其业务"。最后，他必须有勇气接受风险，并被"创造的快乐力量"所驱使。（Wieser, 1927: 324）

冯·维塞尔谈到了将在接下来的两代企业家理论中被再次阐述的主题。熊彼特（见第7章）着眼于企业家的创新精神和创造力。伊斯雷尔·柯兹纳（见第8章）阐述了感知（perceptiveness）主题。通常来说，现代企业家理论已经避免了企业家的多元化个性，而更倾向于一个更狭义的人物形象。最终，冯·维塞尔承认，制度变化——主要是商业组织形式的变化——已经逐渐将企业家的概念转变为单纯的法律概念。随着这些变化，冯·维塞尔（Wieser, 1927: 328）宣称："经济管理的要求不再在所有情况下都得到满足。今天，企业是货币经济中受一位企业家支配的自愿商业运作共同体。它可能是此类操作的一个统一团体。企业家是任何企业的合法所有者。"

奥地利学派三巨头的第三位成员欧根·冯·庞巴维克几乎没有写过关于企业家的文章，他主要关注的是资本和利息理论。熊彼特（Schumpeter, 1954: 893）提到了冯·庞巴维克的利润不确定性理论，在该理论中企业家利润的来源是事情没有按计划进行。根据该理论，企业持续的正利润是面对不确定性时做出卓越判断的结果。我们还得到了穆瑞·罗斯巴德（Rothbard, 1985）的证实，即冯·庞巴维克清楚地将企业家与资本家等同起来，并且他绝没有暗示两者可以分开。尽管如此，冯·庞巴维克并没有把他的盈亏理论发展到重要的程度，而是把这项任务留给了他的学生路德维希·冯·米塞斯（见第9章）和弗兰克·奈特（见第6章）来完成。

莱昂·瓦尔拉斯

法国经济学家莱昂·瓦尔拉斯（1834—1910）是一位主要的新古典经济学家，今天被公认为一般均衡理论的创始人。一般均衡理论的标志是经济事务和市场无处不在的相互依存。正如瓦尔拉斯所发展的那样，该理论是静态的而不是动态的，但是，尽管如此，它提供了对经济变化的有限看法。瓦尔拉斯的经济学向我们展示了一种最终的和没有时间的调整状态，由生产性服务的个体供应者的竞争性自身利益所维持。在这个世界中，每一种生产性服务在技术上和本质上都对财货的生产、运输和销售做出了贡献，因此每天赚取的数额，便是撤回一个这样的生产单位将会减少的整个系统的每日产出。此外，在这个分析系统中，向生产性服务的供应者支付的所有款项的总和正好耗尽了这些生产性服务的总产品。

瓦尔拉斯对经济理论的持久贡献是构造上的；也就是说，它更多的是形式上的贡献而非实质上的贡献。他构建了一个优雅的数学方程组来表示经济系统的整体，并强调其组成部分的相互依存。在特定情况下进入这些方程的实际数字（即系数）留给了其他人去发现。

从表面上看，瓦尔拉斯认为企业家是一个重要人物。在他的《纯粹经济学要义》（1874）中，他仔细划分了四类生产要素，从而确立了现代实践的模式。他的研究让人想起坎蒂隆对地主、工人和企业家的三类介绍，重要的区别是瓦尔拉斯（Walras, 1954 [1874]: 222）将资本家与地主或企业家分开。他对经济生产要素的分离和区分非常明确。在摒弃了通常的地主、工人、资本家分类后，瓦尔拉斯写道：

> 此外，让我们用企业家一词来指定第四个人，与刚才提到的完全不同，其作用是从地主那里租用土地，从劳动者那里雇用个人能力，从资本家那里借钱，以便在农业、工业或贸易中将三种生产性服务联合起来。毫无疑问，在现实生活中，同一个人可能会承担上述两个、三个甚至全部四个角色。事实上，这些角色的不同组合方式会产生不同类型的企业。无论如何，角色本身，即使由同一个人扮演，仍然保持不同。从科学的角度来

看，我们必须将这些角色分开，避免英国经济学家们的错误，即将企业家等同于资本家，以及一些法国经济学家的错误，即将企业家视为负责管理企业这个特殊任务的工人。

瓦尔拉斯与英国经济学家的争论涉及一个关于科学方法的点。他认为，尽管在实践中资本家和企业家的功能可能经常合并，但理论上它们必须分开处理，以便对各自的性质和后果进行清晰的思考。令人惊讶的是，他把最严厉的批评留给了自己的同胞。他指责萨伊误解了企业家功能的本质，宣称"在他［萨伊］的理论中没有这个人［企业家］"。（Walras, 1954 [1874]: 425–426）鉴于萨伊在企业家理论史上公认的卓越地位，这是一个令人震惊的控诉。然而，瓦尔拉斯通过将协调和监督活动排除在企业家的功能之外来证明他的立场是正确的。他反复强调，这些活动是日常管理的一部分，因此可以通过支付管理人员的工资来奖励。（Walker, 1986: 5）[1]

对瓦尔拉斯通信的研究表明，他在很长一段时间内始终如一地保持了他对企业家的立场。在1874年首次出版的

---

[1] 在列出他对过去作家的批评时，瓦尔拉斯对"英国"和"法国"的区分有些人为：杜尔哥犯了与英国古典经济学家相同的"错误"（即没有区分资本家和企业家）；穆勒犯了与萨伊相同的"错误"（即，将企业家精神等同于生产要素的协调和监督）。

《纯粹经济学要义》中，他将企业家描述为生产和消费之间的中介，是受市场利润机会怂恿的趋向均衡的主体。只要售价高于生产成本，就存在获利机会。因此，企业家似乎在一个非均衡的舞台上运作。瓦尔拉斯以一种让人想起坎蒂隆的方式，描述了企业家如何根据明显的需求调整供应：

> 如果一件产品的售价超过某些企业的生产性服务成本并产生利润，企业家们就会流向该生产部门或扩大他们的产量，从而［市场上］产品的数量将增加，其价格下降，价格与成本之间的差异将缩小；并且，如果［相反］，生产性服务的成本超过某些公司的销售价格，从而导致亏损，企业家将离开这个生产部门或削减他们的产量，从而［市场上］产品的数量将减少，其价格将上涨，价格与成本之间的差异将再次缩小。
>
> （Walras, 1954 [1874]: 225）

1887年，瓦尔拉斯（Walras, 1965, vol. 2: 212）写信给美国经济学家弗朗西斯·沃克：“在我看来，企业家的定义是将所有经济学联系在一起的东西。”他坚持反对经济功能的混合，宣称企业家"仅仅是……在服务市场上购买生产性服务，并在产品市场上销售产品，从而获得利润或损失的人"。

几年后，瓦尔拉斯在给他的门徒维尔弗雷多·帕累托的一封信中重申了他对企业家的立场，解释了他在这个问题上与阿尔弗雷德·马歇尔的不同之处："马歇尔的推理主要是假设服务的所有者是一个以自己制造财货并销售它们为己任的工人"，而"我将企业家视为一个独特的人，其角色本质上是索要服务和销售产品"。(Walras, 1965, vol. 2: 629)

我们可以说，这一证据证明了这样一个事实：企业家在瓦尔拉斯的世界观中占有重要地位，正如它在现实世界中的真实地位一样。然而，他将企业家的功能整合到其分析系统核心的程度是另一回事。争论的焦点是瓦尔拉斯理论模型的理想化性质，以及它是否与现实世界的实践有任何相似之处。主要的瓦尔拉斯主义学者威廉·雅费和次要一些的熊彼特——一位瓦尔拉斯的公开崇拜者——在这场辩论中占据了一个极端。森岛通夫和唐纳德·沃克占据了相反的极端。

瓦尔拉斯本人通过将"零利润企业家"引入他的静态一般均衡系统（一个没有时间或不确定性的模型）来掩盖问题。由于企业家在竞争均衡中既不赢也不输，他的存在理由（*raison d'être*）在该状态下消失了。为了得出一个确定的数学解决方案，瓦尔拉斯从他的模型中删除了所有赋予企业家意义的东西。数学的精确性和实际的必要性不可避免地发生了冲突，而瓦尔拉斯无法调和两者。这就解释了为什么很少有数学模型可以形式地分析在一个封闭经济系统中的企业家行为。瓦尔拉斯陷入这种两难境地且看不到出路，他发展了一种经济理论结构，它就像一台可预测的、非个人的、无摩擦的机器。用G. L. S. 沙克尔的话来说，它是一种"非人的模式"，无法传达全方位的经济活动。（Shackle, 1955: 91）鉴于此，熊彼特得出结论，瓦尔拉斯对企业家精神理论的贡献基本上是负面的。（Schumpeter, 1954: 893）

森岛（Morishima, 1977）通过重申企业家在瓦尔拉斯的理论模型中的中心地位为瓦尔拉斯辩护，但他遭到雅费（Jaffé, 1980: 535）的严厉批评，雅费坚持认为"在他的整个理论结构中，瓦尔拉斯故意抽象掉了不确定性"。这解释了在"正常"操作中，瓦尔拉斯的模型中没有企业家（准企业家）。雅费总结道："至于企业家在瓦尔拉斯分析模型中的角色，《纯粹经济学要义》将其限制为套利者，仅此而已。"（Jaffé, 1980: 529–530）但是雅费的立场受到了他以前的学生唐纳德·沃克（Walker, 1986: 18）的挑战，他断言瓦尔拉斯对企业家理论做出了重要而持久的贡献，并且熊彼特在瓦尔拉斯主义的基础上建立了自己的企业家新概念．

因此，意见的多样性继续困扰着瓦尔拉斯对企业家精神理论的贡献。一方面，瓦尔拉斯似乎对现实世界的企业家有一个明确的概念，并且他认为他们在实际的商业世界中非常重要。但另一方面，他的主要科学成就，即数学的一般均衡模型，通过假设（也许是必然）系统地消除了企业家的中心地位。[1]在理论上，瓦尔拉斯的一般均衡系统是一项重大贡献。但在企业家重要性的合适展示上，它完全是空白。

阿尔弗雷德·马歇尔及其门徒

在前面的章节中，我们展示了古典经济学的英语变体（斯密–李嘉图–穆勒）如何倾向于将资本家和企业家的角色混为一谈。就英国新古典价值理论而言，它并没有发展出企业理论，只是勉强地产生了一个资本理论。因此，边际效用理论的引入并没有限制有关企业家的可能意见分歧的范围。新经济学将目的视为给定的，解释稀缺资源的分配以满足这些既定目标，并将注意力集中在均衡结果而不是调整过程上。因此，它几乎没有或根本没有留下企业家行动的空间。企业家变成了一个单纯的机器人，一个被动的旁观者，没有真正的个人决定空间。然而，某些英国作者保留了这个概念，因此，至少在私底下，企业家仍然保留在经济理论中。

世纪之交的主要英国经济学家是阿尔弗雷德·马歇尔（1842—1924），他在古典经济学和新古典经济学之间架起

---

[1] 著名的瑞典经济学家克努特·维克塞尔提出了类似的批评。维克塞尔（Wicksell, 1954 [1893]: 95）声称瓦尔拉斯的企业家仅仅是虚构的，因为：（a）他所说的购买服务和销售财货更多是表面上的，而不是真实的（即，仅涉及彼此之间生产性服务的交换），以及（b）瓦尔拉斯完全忽视了生产时间的重要性。不幸的是，维克塞尔在他自己的作品中反复模糊了企业家、地主、资本家和工人之间的区别。

了一座坚固的桥梁。马歇尔统治了一代人（1890—1920）的英国理论经济学及其教学法。在"承担者"和"商业领袖"的含义和功能上，他的路径受到达尔文和华莱士所阐述的生物进化原理的影响。马歇尔认为，企业家的特殊技能和能力是由在竞争激烈的市场中为生存而进行的经济斗争所塑造的。

马歇尔阐述了这样一种企业家精神的概念，它植根于萨伊和穆勒的著作，但比任何一方的理论都更广泛。他的概念的核心仍然坚定不移，但在外围，它的各个方面随着时间的推移而演变。马歇尔（Marshall, 1920b: 356, 358）将"商业天才"的要素描述为警觉、辨别轻重缓急的能力、推理能力、协调、创新和冒险意愿。他认为，这种能力组合可以通过经验获得，但不能通过正规教育传授。

在他的著作中，马歇尔为指引而不是跟随经济环境的人保留了一个特殊的位置。他把企业家分为两类：主动的和被动的。主动的企业家是"那些开创改良过的新商业方法的人"，而被动的企业家是"循规蹈矩的人"（Marshall, 1920a: 597）。他明确表示，后面一组企业家获得"监督工资"（wages of superintendence），但他仔细阐述了监督的要素，为穆勒的企业家精神增添了更多的内涵。然而，他将主要注意力留给了主动的企业家，他们的回报是有风险的。有冒险精神的企业家无法避免风险，因为他将资本和劳动力导向一个不确定的目标。因此，为了取得成功，他必须能够构思"明智而深远的政策，并且……冷静而坚决地执行"（Marshall, 1920a: 606）。

归根结底，马歇尔的企业家是一名业务经理，尽管他使用"管理"（management）一词来表示不仅仅是监督。马歇尔追随达尔文，认为专业的业务经理是在一个由专业化和分工驱动的进化过程中作为一个特殊群体出现的。这种"达尔文主义"可以解释马歇尔无法或不愿将企业家与单一功能或一组能力联系起来。这个概念本身在马歇尔的著作中似乎在不断地演化，但归根结底，他更强调业务能力的存在和必要性，而不是其他任何事情。[1]

在他早期的著作中，马歇尔强调责任是人的行动的重要刺激因素。但在1880年代，他对广泛应用这种维多利亚时代美德的信心逐渐减弱。1890年之后，马歇尔将社会经济和道德进步的主要责任交给了不安分、有远见、开拓进取但未被赞颂的企业家。到1907年，责任已进一步退居幕后，马歇尔（Marshall, 1925: 332–333）赞扬了企业家的想象力和领导能力：

---

[1] 与此同时，马歇尔做了简单的说明，"知识是我们最强大的生产引擎"——这一观点在数字时代尤其具有共鸣，数字时代通常被称为"知识经济"。

这个阶级的人生活在形成于他们自己的头脑里的不断变化的愿景之中：通过各种路径达到他们想要的目的的愿景；大自然将在每条路径上反对他们的困难的愿景，以及他们希望通过哪些办法来战胜其反对者的愿景。这种想象在民众中没有多少声誉，因为民众是不允许放肆的；它的力量是由一个更强大的意志来管教的；它的最高荣耀是通过手段达到了伟大的目的，这个手段是如此的简单，以至于没有人会知道——只有专家甚至会猜测——十几个其他的权宜之计，每一个都向匆忙的观察者暗示了同样的辉煌，是如何被搁置在一边而选择它的。

在纯粹的分析意义上，马歇尔对企业家精神理论的最重要贡献是扩展了冯·曼戈尔特的能力租金概念，尽管正如熊彼特（Schumpeter, 1954: 894）所指出的那样，他并没有将这个概念只限制在企业家身上。马歇尔摆脱了古典工资基金学说的分析障碍，试图突破"劳动"的无定形本质，以捕捉个人能力的独特性。观察和经验告诉他，"商业天才"分布不均，独特的技能得到了一种剩余或租金。但他时而将企业家视为一个阶级的成员，时而将其视为个人。根据马歇尔（Marshall, 1920a: 623）：

> 商业承担者阶级中包含大量天赋高的人；因为，除了在其等级中出生的能人之外，它还包括很大一部分出生在行业低等级的最优秀的天赋。因此，投资于教育的资本利润在作为一个阶级的专业人士的收入中是一个特别重要的因素，而稀有天赋的租金则可以被视为商人收入中的一个特别重要的因素，只要我们将他们视为个人。

马歇尔将企业家时而作为一个阶级，时而作为个人来谈论的倾向，无助于对这个主题进行清晰的思考。例如，弗雷德里克·哈比森断言，马歇尔的企业家概念并不适用于单个个人，而是适用于一系列由多个个人组成的层级结构。因此，他认为马歇尔的企业家本质上是"一个由执行企业家功能所需的所有人员组成的组织"（Harbison, 1956: 356）。我们发现很难将这种解释与企业家作为接受准租金的具有独特能力的人的想法相协调，因为准租金只能为个人确定，并且，对这些量级的任何加总似乎充其量也只是似是而非的。

尽管马歇尔在竞争性资本主义的高潮期间写作，但他的企业家精神理论并没有突出发明和创新。（Shove, 1942）此外，尽管他口头上将进化论视为经济学中的一股重要力量，但他将自己的智识精力主要用于推进比较静态和部分均衡理论。在大多数情况下，他的学生和门徒都在效仿他。

弗朗西斯·Y. 埃奇沃思（1845—1926）是马歇尔的门徒，同时也是一位重要的新古典经济学家，他认识到企业家的重要性，但没有为这一概念增加新的维度。最初，埃奇沃思（Edgeworth, 1925: vol. 1, 16）提出了一个众所周知的问题"什么是企业家?"作为回答，他依次回顾了公布（1）古典经济学家（即作为资本家的企业家）、（2）F. A. 沃克（即作为非资本家雇主的企业家）、（3）F. B. 霍利（即作为风险承担者的企业家）和（4）莱昂·瓦尔拉斯（即不盈利的企业家）这四个"模式标本"（type-specimens）。不幸的是，他既没有将列表简化为单一定义，也没有尝试进行可行的综合。相反，埃奇沃思建议定义的选择取决于所进行的经济研究类型。但他反对零利润企业家，不管这个产物是遵循瓦尔拉斯还是沃克的构造。

几年后，埃奇沃思回到了零利润企业家的问题，他试图持续捍卫马歇尔版本的企业家，使其免受瓦尔拉斯的"错误"的影响。然而，真正的争论不在于企业家的行动和意义；而是在于企业家努力的回报。埃奇沃思承认瓦尔拉斯的贡献，但以自相矛盾和没有根据为由拒绝了他的结论。从表面上看，埃奇沃思赞同瓦尔拉斯对企业家的定义，即服务的买家和产品的卖家。但他没有理解瓦尔拉斯的利润概念。因此，他谈到了企业家以工资和利息形式的报酬（即马歇尔的利润）。瓦尔拉斯（Walras, 1965: vol. 2, 629）坚持认为，在均衡中，企业家作为企业家不会获得任何利润，但他会以利息、租金或（管理）工资的形式获得非企业家收入。因此，埃奇沃思对零利润企业家的"自相矛盾"概念的攻击是基于对瓦尔拉斯利润性质的误解，因此偏离了目标。最后，埃奇沃思无法通过将企业家与其他要素分开来令人满意地完成对收入分配的分析。"要确定资本家在什么时候结束，而企业家在什么时候开始，"他写道，"似乎无法分析。"（Edgeworth, 1925: vol. 1, 48）

马歇尔在剑桥的继任者是 A. C. 庇古（1877—1959）。庇古也谈到了企业家，但他对分配理论的兴趣不如企业家活动的宏观经济后果。从微观经济学的角度来看，他对企业家的看法是被动的和缺乏启发性的。他将企业家视为一位所有者和经纪人，只是连接生产和分销的经济链条中的一个环节。"企业家，"他简单写道，"合法拥有每年完工的财货流，他们将这些财货出售给批发商和店主以换取金钱。"（Pigou, 1929: 132）

然而，当他转向宏观经济时，庇古强调了不确定性因素，因为不确定性因素会影响到企业家的决定，因此会对行业波动产生影响。他说道："做出［生产］预测的商人被巨大的不确定性所笼罩"，而"就业普遍变动背后的直接原因在于商人对未来前景的期望（或者商业信心，如果我们更喜欢更宽松的术语的话）发生了变化"。（Pigou, 1949: 216）

在马歇尔之后的一代,一个被马歇尔的杰出学生约翰·梅纳德·凯恩斯(1883—1946)所主导的时代里,英国人对企业家这个主题的思考几乎没有发展。凯恩斯对这个概念的处理相当敷衍,保留了企业家作为金融家和雇主——利润的剩余索取者——的一些基本概念。像马歇尔一样,凯恩斯将企业家置于个体公司内部的决策者角色,宣称他的职责是"将就业数量固定在这样一个水平上,该水平［被］期望最大化了收益超过要素成本的部分"(Keynes, 1964: 25)。

作为一种主动的生产要素,企业家在预测"有效需求"时必须面对不确定性。凯恩斯范式中不确定性的重要性通常被凯恩斯除少数几个外的所有门徒低估,但在许多方面,这是他最具革命性的贡献。经济思想史上的一个老生常谈的故事是,凯恩斯对宏观经济变量的关注随后将经济学家的注意力从企业家转移到了经济中某些总量的表现上。不管这可能多么正确,《就业、利息与货币通论》还有另一面。凯恩斯关注决定中的不确定性,更一般地关注预期,在马歇尔的"企业家作为管理者"的概念与当代企业理论和极端的不确定性——例如凯恩斯的门徒如沙克尔(见第8章)所发展的——之间建立了联系。

尽管如此,凯恩斯关于企业家活动背后的敌意的讨论显然是非经济的,必须谨慎对待。他对企业家所面临的不确定性的性质的评论是："商人玩的是技巧和机会的混合游戏，参与的人不知道参与者的平均结果"（Keynes, 1964: 150）。这句话足够无伤大雅，但凯恩斯在这之后做了一些非同寻常的事情。他不仅将企业与预期利润的计算联系起来，而且将其与"动物精神"——凯恩斯宣称这是人类心灵中与生俱来的自发行动冲动——联系起来。凯恩斯几乎没有给出这个词的确切含义，而且在随后对企业家的处理中也很少遇到它。他显然热衷于在讨论中加入心理特征。

> 可以说，寄希望于未来的企业造福于整个社会。但是，只有当合理的计算得到动物精神的补充和支持时，个人的主动性才足够，因此，先驱者最终会遭受损失的想法——正如经验无疑告诉我们和他们的——被搁置一旁，就像一个健康的人搁置死亡的预期一样。
>
> （Keynes, 1964: 161）

归根结底，凯恩斯对企业家活动的解释既取决于对盈利机会的理性预期，也取决于突发奇想、情绪或机会。从心理学上讲，这可能是正确的，但从分析的角度来看，这是一条死胡同。

后记

在新古典作者中，法国人的思想追随瓦尔拉斯，走向了一种倾向于排挤掉企业家的机械市场模式。新古典的英国作者似乎从来没有摆脱斯密–李嘉图–穆勒传统留给他们的那种紧身衣。在19世纪接近尾声时，只有奥地利人以实质性的方式推进了企业家理论。他们对这一主题的分析在后来接受奥地利传统教育的路德维希·冯·米塞斯和约瑟夫·熊彼特的作品中取得了成果。

第6章

来自美国的观点

随着1865年内战的爆发，美国开始了一段恢复和重建的时期。由于美国知识分子还在指望欧洲的激发和指导，这个时代产生的主要经济学家很少。由于缺乏广泛的研究生教育血统，这个新国家将其许多主要的知识分子派往德国接受高级培训。但随着19世纪接近尾声，美国经济学家开始走出欧洲影响的阴影，更加独立地坚持自己的主张。毫不奇怪，鉴于该国从殖民地位上升到成熟的市场经济，美国的经济学家对企业家在经济理论中的地位表现出强烈而持续的兴趣。从一开始，美国经济学家就通过坚持将企业家与资本家分开来改进英国的处理方式。托马斯·柯克伦将这一事实归因于美国现代公司的早期发展。（Cochran, 1968）但这种理论转向很可能也受到德国对美国学者的普遍影响的影响——许多美国学者在德国获得了经济学研究生学位。

阿马萨·沃克和弗朗西斯·A.沃克

早在1866年，阿默斯特学院的阿马萨·沃克（1799—1875）就曾感叹英国政治经济学中资本家与企业家之间的混淆。沃克认识到企业家在创造经济财富方面的重要作用，但他对这种特殊资源的讨论并没有超出生产行动的范围。他将企业家简单地定义为带来"劳资之间的有利结合"的人，他将这个特殊的主体定义为雇主、经理、企业家、规划者、承包商、生意人、商人、农场主或"不管被叫做什么，其服务不可或缺的人"。[1]（Walker, 1866: 279）尽管沃克将企业家努力的回报称为"利润"，但沃克并没有真正区分对企业家的回报和对劳动的回报。他宣称，"利润只是雇主（企业家）收到的工资"，因此，它们受供求关系的调节。

最终，沃克将一种混淆（企业家作为资本家）换成了另一种（企业家作为工人）。然而，他也暗示了将利润作为稀缺租金的概念，他的儿子弗朗西斯·阿马萨·沃克（1840—1897）后来抓住了这一想法，并将其扩展为一种独特的利润理论。阿马萨·沃克（Walker, 1866: 285）指出，企业家和工人一样，根据对其服务的需求（或供应）是否过剩，他们

---

[1] 熊彼特（Schumpeter, 1954: 519）将沃克的《财富科学》（1866）称为"美国经济学'非美国'路线的代表性表现"，或许暗指上述德国的影响。

的报酬会有所上升或下降：

> 如果有太多的利润竞争，利润率会下降，直到多余的人被赶回劳动力行列。然而，由于相比具有劳动能力的人的总数，具有成功经营业务所需的必备能力和培训的人相对较少，而且能够掌握必要的资本手段的人也更少，因此可以得出以下结论：雇主的报酬将大于雇员的报酬。

阿马萨·沃克的儿子弗朗西斯在内战中升任将军。后来他成为麻省理工学院院长，并担任美国经济学会第一任会长。他强调，企业家不同于资本家，是生产的主要主体。像他的父亲一样，他将企业家描述为其他经济资源的雇主。他宣称自萨伊以来的法国经济学家一直走在正确的轨道上，他批评了英国和美国的经济学家，他们将资本家描述为劳动力的雇主，仅仅因为他拥有资本这一事实。沃克对企业家功能的最清晰描述包含在《工资问题》中，他宣称企业家的角色是"提供技术技能、商业知识和管理力量；承担责任并应对突发事件；塑造和指导生产，组织和控制工业机器"（Walker, 1876: 245）。

弗朗西斯·沃克在收入分配理论（Walker, 1884: 203）方面与法国经济学家结盟，但他也宣称其理论与马歇尔的理论密切相关。(Walker, 1887: 275) 与马歇尔一样，沃克坚持认为，利润是对实践企业家不同技能和才能的回报。换句话说，它具有租金的性质。沃克宣称，"如果不想引起完全不必要的和有害的思想混淆，直接导致错误的结果，就不能将工资一词应用于此。"(Walker, 1884: 204)

和马歇尔一样，沃克意识到，在自由和主动的竞争下成功开展业务取决于非凡的能力或非凡的机会（前者主导了他的思想）。两位作者都承认，这些能力在全人类中分布不均，正如肥沃的土地在地理空间中分布不均一样。成功的企业家具有远见卓识、组织和管理能力、非凡的精力和其他领导素质——这些特质通常是供不应求的。以此类推，利润源于能力差异，正如地租源于不同的肥力（或不同的位置）。

沃克着眼于租金和利润之间的类比，设想了一个理论上的、无利润的生产阶段。沃克 (Walker, 1884: 207) 假设企业家（明显区别于非企业家）的同质供应足以满足需求，断言要么企业家将联合起来为其服务创造垄断价格，"而这是完全不可能的，要么他们将通过相互竞争业务量，将其利润率降低到如此低的水平，以致这个阶级中任何人的报酬都不会超过他在其他职业中可以为自己赚取的收入"。沃克断言，这种"无利润"生产阶段直接类似于土地耕种的"无租金"阶段。因此，他得出结论，利润不构成制成产品价格的一部分，正如地租不构成农业商品价格的一部分（正如李嘉图所论证的那样）。

鉴于企业家人才在人群中的随机分布，沃克确定了四个级别的企业家，每个级别都因其资格程度而有所区别：

> 首先，我们有那些具有罕见天赋的人……他们的商业交易具有魔法的气息；他们有这样的先见之明；他们的性格是如此的果断和坚定，以至于恐惧、警报和反复的灾难冲击也永远不会动摇他们的信念或改变他们的路线；他们指挥着别人，使得所有与他们有关系的人都从接触中获得活力。

其次是第二类高阶人才，即"天生通达、睿智、敏捷、果断"的人；紧随其后的是第三类人，他们在商业上做得相当不错，尽管更多的是勤奋而不是天才；最后是"零利润"阶级的第四组没用的人，他们：

> 命运多舛，有时做得很好，但更多时候很糟；做生意是因为他们误解了自己的能力，也许是受到朋友们的偏袒的鼓舞，这些朋友愿意将生产机构交给他们，或者将商业资本或银行资本委托给他们。

（Walker, 1884: 208–209）

需要注意的是,除了企业家的不同层次外,将利润视为对不同能力的回报并不是沃克原创的。我们已经看到,冯·曼戈尔特早在几十年前就勾勒了该理论的轮廓,而马歇尔也支持这一概念。事实上,有趣的是沃克在这个问题上与法国经济学家站在了一起:就其理论而言,沃克更接近冯·曼戈尔特,后者代表着更为人所知的德国传统。

弗雷德里克·霍利和约翰·贝茨·克拉克

另一位坚持在功能上分离企业家和资本家的美国经济学家是弗雷德里克·B.霍利(1843—1929)。霍利有棉花经纪和木材业务的背景。他是古典经济学的热心学生,但他也是一个非常独立的思想家,在分析问题上有自己的主见。他与冯·庞巴维克的资本和利息理论的对抗导致他对企业家精神进行了更深入的研究。霍利(Hawley, 1892: 281)坚信,除非"我们从承担者的角度研究工业现象",否则不可能理解资本为什么有价格。

在《经济学季刊》的一系列世纪之交文章中,霍利建立了一个利润风险理论来反对冯·庞巴维克的理论。他将企业等同于风险承担,并将企业家描述为资本主义经济的巨大动力。霍利强调风险和不确定性,将企业和土地、劳动力和资本一起列为四大基本生产要素。他认为风险和不确定性在工业系统中司空见惯。霍利声称,最终消费者必须为每一项工业经营所带来的风险买单,无论是否涉及资本。"原因是这样的:除了赌徒之外的每个人——即从事工业的每个人——都更喜欢确定性而非不确定性。"(Hawley, 1892: 285)

在这里,我们再次发现企业家精神和不确定性的结合,让人想起坎蒂隆的早期处理。尽管霍利显然不知道坎蒂隆的作品,但他还是附和了他的前辈的话。霍利(Hawley, 1893: 464)断言,每种商业风险的特殊性无非是"一件未售出产品的售价与成本相比的不确定性,或者一件未完成产品的成本与售价相比的不确定性(如果就后者已达成一致)"。[1] 霍利的论点有一点边沁式的气质,因为他认识到某些成本要素可以通过保险来固定。但正是约翰·贝茨·克拉克(1847—1938)让霍利意识到可保风险和不可保风险之间的区别。

霍利关于企业家精神的想法足以引发与世纪之交杰出的美国经济学家克拉克的激烈辩论。克拉克(Clark, 1892: 40)承认霍利和冯·曼戈尔特的断言是正确的:"人们不会为了在长期能抵消损失的年收益而冒险投资。他们的要求不止于

---

[1] 与霍塞利茨(Hoselitz, 1960: 240)所描述的坎蒂隆的愿景相比,即企业家是以确定的成本价格购买并以不确定的销售价格出售的人。

此，而且他们得到了。"然而，克拉克拒绝承认风险承担是一种企业家活动。他认为，正如熊彼特后来所做的那样，所有风险都由资本家承担。

克拉克（Clark, 1892: 45–46）"在异常严格的意义上"使用企业家一词，"指的是协调资本和劳动但自己没有适当能力提供其中任何一种的人"。他认为，"企业家本身就是两手空空的"，这个表述让人想起伊斯雷尔·柯兹纳的"纯粹而身无分文的企业家"。换句话说，企业家无法拿任何东西去冒险，因为他没有任何东西可冒险。

在后来的作品中，克拉克从静态和动态的角度进行了讨论，支持这一使熊彼特倾向于对企业家精神采取更动态看法的区分。在克拉克的分析中，静态是一种需求、资本和技术都给定的情况。然而，静态条件确实会随着时间的推移而发生变化：人口增长、需求变化以及发现和实施改进的生产技术。但在克拉克的世界里，对静态平衡的偏离是演化的。劳动力和资本的流动性是恢复新的（尽管是暂时的）平衡所必需的。

在动态经济中，克拉克让企业家负责将经济恢复到均衡状态的协调。[1]根据克拉克（Clark, 1907: 82–83）的说法，这个协调者（企业家）可以执行几个功能：

---

1 关于企业家仅仅是协调者这一论点的不足之处，见霍利（Hawley, 1900: 84–89）。

> 例如，他既可以提供劳动，也可以提供资本，此外，他还可以执行一种特殊的协调功能，这种功能在技术意义上不是劳动，几乎不涉及任何持续的个人活动，但对于使劳动和资本具有生产性至关重要。

在当代理论中，企业家作为推动经济恢复均衡的动力这一概念仍然非常活跃，但它很快就受到了熊彼特的反论的挑战，即企业家是导致非均衡的主体。关于保险的相关问题，克拉克（Clark, 1892）认识到可保风险和不可保风险之间的区分（他称之为"静态"和"动态"），但他并没有走得更远，将这种区分整合到一个基于风险和动态变化的利润的一般理论中。

霍利对克拉克的批评提出了两个反驳，一个是在1893年，另一个是七年后旨在回答克拉克和其他介入的批评者的总结声明。在第二次反驳中，霍利（Hawley, 1900: 78）提出了这样一种观点，即"所有个人收入都是复合的，很难想象不包含盈亏因素的收入，因为每个人的收入都存在不确定因素"。在当时，这是一种非正统的观点，因为它与将分配收益划分为生产要素的流行趋势背道而驰。然而，对于那些学院派经济学家——他们顽固地反对这一观点，即企业理论是经济学的一个黑暗角落，没有隐藏任何真正重要的东

西 —— 来说，这尤其令人振奋。

赫伯特·达文波特和弗兰克·陶西格

19世纪90年代霍利参与的主题在20世纪20年代再次被弗兰克·奈特采纳，并扩展为更健全的风险、不确定性与利润理论。但在奈特的收获之前，另外两位作者为土地播下了种子。赫伯特·J. 达文波特（1861—1931）在一本被广泛忽视的名为《企业经济学》（1913）的书中揭示了第一次精心策划和持续的尝试 —— 从企业家的角度来理解经济学。和他的老师索尔斯坦·凡勃伦一样，达文波特被认为是一个特立独行的反传统主义者。他的书引起了轻微的轰动。一位主要的当代经济学家弗兰克·A. 费特（Fetter, 1914: 555）谴责它是激进的和不健全的，这可能是其后来相对受到忽视的原因。

尽管费特斥责了达文波特"夸张的言辞"和离谱的例子，但他完全没有正视这本书的真正独特之处 —— 它尽力尝试从企业家的角度去重新定位经济学。[1]达文波特认为，

---

[1] 引用费特（Fetter, 1914: 562–563）对达文波特的评论："作为有害但有价值的产品的一个例子，佩鲁娜（Peruna）被以大剂量给药；穿着便服的窃贼和炫耀魅力的放荡女人经常出现，以至于这本书的某些章节看起来就像是未经审查的电影中的一个夜晚。"值得注意的是，欧文·费雪在评论达文波特的早期著作《价值与分配》（1908）时，承认该书"即使不是异端也很激进"的本质，但热烈赞扬其实用的一面并表示衷心同意。

经济学包括分析和解释企业家的行动。他宣称,"我们生活在一个在竞争性企业家生产之下组织起来的社会里",并在这个公理化的基础上试图重构经济理论。他没有完全成功的事实并没有降低其尝试的价值。

《企业经济学》是一部综论,旨在解释生产和分配以及货币和信用的作用。它讲的是竞争经济学及其显著特征——价格形成。达文波特的分析带有奥地利学派的某些印记,例如方法论个人主义、对因果顺序的强调(Davenport, 1913: 110–111)、对时间偏好因素的认识(Davenport, 1913: 219–222)、机会成本的重要性(Davenport, 1913: 62–63),以及不确定性下决定的必要性(Davenport, 1913: 74)。

达文波特(Davenport, 1913: 140)使企业家成为竞争性价格制度中的关键人物,他采用了瓦尔拉斯的观点,即"企业家是服务的买家及其产品的卖家"。他还宣称"企业家是独立的、非雇用的管理者;承担风险并要求获得企业收益的人"。(Davenport, 1913: 67)达文波特比坎蒂隆做得更好,认为企业家面临不确定的成本和不确定的销售价格。由于各种原因(一些是外生的),企业家的真实成本是不确定的,但其中最主要的是他的机会成本的不确定性。然而,企业家的天性不是因不确定性而停滞不前,而是冒险猜测并继续做下去。因此,企业家:

> 在他无法知道的情况下进行估计、推测和冒险,并且,作为一种概括性的总结,在对比许多事情和其他许多事情之后,他决定他具有最大的净优势的路线,通常并不比一次粗略的猜测更好,但仍然是一次决定。
>
> (Davenport, 1913: 74)

坎蒂隆很久以前就告诉我们,企业家会根据需求调整供应。达文波特更详细地介绍了这一点。他说每个企业家都通过计算自己的成本(包括机会成本)来调整相对供应。这些成本本身就是需求和相对稀缺的基本关系的表现。他明确表示,企业家不决定价格。然而,有必要从企业家的角度来研究价格的成因,他认为,因为"正是通过企业家过程,最终原因才被迫在一个竞争性社会中获得表达"(Davenport, 1913: 109)。这一观点使他与罗纳德·科斯、肯尼思·阿罗和奥利弗·威廉姆森等后来的作者产生了分歧,后者以市场的存在为出发点,并建立起这样一种理论,即在一个理想世界中,价格体系可以而且将会做所有事,不需要企业家精神。

达文波特总是小心翼翼地区分科学人(例如经济学家)和行动人(例如企业家)。尽管经济成本具有主观性和不确定性,达文波特(Davenport, 1913: 74–75)还是断言企业家的任务相对简单。他尽可能根据计算做出决定,考虑到他面临的信息的不完全性。他不关心自己无法改变的事情;他只是适应它们。否则会"浪费他作为企业家的精力"并使他成为"单纯的科学家"。

达文波特认为,企业家活动的程度和方向取决于成本和预期需求。他并没有暗示企业家在从事诸如"创造性破坏"——用熊彼特的话来说(见第7章)——的任何事。相反,企业家的角色是监督竞争性市场过程,通过需求和供应的相互作用使其易于理解。达文波特暗示了企业家活动的普遍性,同时强调了指导和监督的要素。他写道,"基本上",价格"过程由企业家主导,由他指导和监督,并通过他算出"。此外,"所有雇用劳动力或工具性财货的雇主都是企业家,无论预期产品是否要出售"。(Davenport, 1913: 139)

归根结底,达文波特的企业家和沃克的企业家一样,是其他生产要素的雇主。在达文波特看来,他的报酬应该被恰当地视为工资的一个子类别。严格来说,利润既不是风险回报,也不是监管劳动的报酬。它是一种"为企业家活动本身而给企业家的"支付。"的确,这种利润给了承担风险的人,但不会因此作为对风险的补偿或与风险成比例"(Davenport, 1908: 98)。

通过否认承担风险是一种企业家活动,达文波特与克拉克结了盟。然而，他拒绝了克拉克关于分配的边际生产力理论，理由是它需要的信息是无法获得的，即使是最聪明的企业家也是如此。在实践中，企业家在评估其他生产主体的准确贡献的能力方面受到限制。达文波特（Davenport, 1913: 148）得出结论，企业家所能做的大约是：

> 为其目的而赋予每种要素一定程度的可服务性——与他必须为此付出的代价相称——并将剩下的一切视为由于他自己在追求利益中的个人活动。但这在理论上是粗糙的；他的利润部分归因于这样一个事实，即他能够使一种中间财货或主体对他的意义大于他必须为之支付的工资或租金。

哈佛大学的弗兰克·W.陶西格（1859—1940）重申了达文波特的说法，即利润是工资的一个子类别，但他也将企业家描述为一位剩余索取者，这解释了他收入的不规律性。（Taussig, 1915: 159）陶西格的企业家引导和指引经济活动。他是一个多面的人，但最重要的是，他需要想象力和判断。（Taussig, 1915: 163）根据陶西格（Taussig, 1915: 175）的说法，能力差异确实存在并且在生意人之间分布不均，但他坚持认为，沃克的利润"租金理论"不能解释利润的基本原理，只能解释企业家之间的利润差异。[1]

陶西格没认真考虑过熊彼特的创新企业家概念，即创新企业家是经济进步的独特建筑师。陶西格认识到，在一个完全竞争的静态世界中，工业管理者除了工资之外什么都得不到，工资的确定方式与其他劳动的报酬相同。

> 但是在一个动态的状态——一个不稳定均衡、过渡、进步的状态——商人有机会获得更多的东西。通过率先利用发明或改进组织，他们获得了额外的收益，而只要他们成功地保持领先地位，这种收益就会持续下去。这么认为的商业利润不断消失，不断重现。它们是改进的刺激和改进的奖励，一旦改进得到充分应用，它们往往会停止。
>
> （Taussig, 1915: 185）

陶西格在柏林学习，所以他显然会读德文。熊彼特的《经济发展理论》于1912年以德文出现，但直到1934年才被翻译成英文。虽然时机是偶然的，但尚不清楚熊彼特对陶西格有什么影响。尽管有一些熊彼特式的短语，但陶西格无法

1　麦克文（Macvane, 1887: 9–11）对沃克提出了同样的批评，但没有成功。陶西格没有注意到麦克文的批评，也没有注意到沃克的回应（Walker, 1888: 282）。

在他自己的脑海中完全打破利润和工资之间的联系。他坚持认为，企业利润与工资的清晰划分是人为的：

> 即使是成熟行业的日常行为也需要判断和管理能力，因此也需要运用在快速发展的条件下更显著和更有利可图的相同能力。将一个成功商人的收入粗略地分成两部分——一部分是工资，另一部分是从发展中获得的"利润"——似乎是非常不切实际的。纵观从商之人的各种不同的收入范围，最简单的方法是将它们全部视为劳动回报——这种回报具有许多特点，其中最引人注目的是风险与不确定性、广泛的范围、来自能干的开拓带来的高额收益。
>
> （Taussig, 1915: 185）

归根结底，陶西格认为，虽然创新是企业家可能进行的活动之一，但它不是唯一的，甚至可能不是最重要的。他断言，必要的商业品质和创造性特征很少存在于同一个人身上（Taussig, 1915: 164）。

弗兰克·奈特

在所有美国作者中，对企业家角色研究得最全面和最仔细的人是弗兰克·奈特（1885—1972）。他的贡献有两部分。首先，他非常有用地强调了可保的风险和不可保的不确定性之间的区别。其次，他提出了一种利润理论，将这种不可保的不确定性一方面与快速的经济变化联系起来，另一方面与企业家能力的差异联系起来。在这样做的过程中，奈特建立了霍利-克拉克阐述的有意义的综合。

奈特指责以前的"风险理论"是模棱两可的，因为它们没有充分地区分两种截然不同的风险。一方面，风险表示一个可以衡量的量——一个事件发生的客观概率。因为这种风险可以通过保险合同从企业家转移到另一方，所以它不是任何意义上的不确定性。另一方面，"风险"通常被认为是指不可衡量的可能性，例如无法预测消费者需求。奈特称后者为"真正的"不确定性，并使他的利润和企业家精神理论与其重要性相适应。这一理论的最佳总结陈述来自奈特本人：

> 并非所有"风险"都必然会产生利润或损失。许多种类可以被保险，这消除了它们作为不确定因素的影响。……利润理论的要点是，只要可以通过任何方法为风险投保，承担风险的成本就会转化为费用的恒定元素，并且不再是盈亏的原因。作为利润原因而持续存在的不确定性是那些由于没有可客观衡量的盈亏概率而无

> 法保险的不确定性。对于需求预测尤其如此。它不仅无法被准确预测，而且没有根据说它属于一种而非另一种的概率具有一个特定的值——就像我们可以计算一个人活到某个年龄的机会一样。必须执行商业判断的情况不会以足够符合类型的方式重复自身以使概率计算成为可能。

（Knight, 1951: 119–120）

现代实践通过以下方式细化了奈特的区分。由于缺乏可衡量的概率分布而一度被认为不可保的事物实际上已经被保。因此，最近的文献提出了三种区分，而奈特只做了两种区分。风险是指可能结果的概率分布是可计算和已知的情况。不确定性是指可能的结果是可识别的，但结果的概率分布是未知的。彻底不确定性是指给定事件的可能结果是未知的且不可知的情况。

通过分离风险概念并提炼其含义，奈特对坎蒂隆关于企业家作为不确定性承担者的理论进行了新的澄清。他还将企业组织的演化性质归因于不确定性的存在。他断言，仅仅存在不确定性就会将社会转变为以功能专业化为特征的"企业组织"。作为减少不确定性的专业主体，企业家的功能在这种组织中变得至关重要。（Knight, 1921: 271）

这种奈特式的不确定性不容易划分，因为它遍及所有人类决定。但它有助于在管理和企业家精神之间建立界限。根据奈特（Knight, 1921: 276）的说法，经理的功能本身并不意味着企业家精神，但是当经理的绩效要求他做出犯错责任的判断时，他就成了企业家。此外，为其行动的正确性承担责任的假设是让公司其他成员服从企业家指导的先决条件。

奈特理论的一个有趣推论是，利润不可能离开错误而存在。企业家的利润取决于企业家能否使生产性服务的收益高于价格——这个价格由其他人认为他们（指企业家）可以使它们产生的收益而固定。因此，它的大小是基于企业家（和非企业家）——他们不会强迫成功的企业家为生产性服务支付与他们可能被迫支付的一样多的费用——在计算时的误差幅度。正是这种判断误差范围构成了竞争性组织运作中唯一真正的不确定性。此外，在奈特看来，正是这种不确定性由真正的企业家承担并解释了利润。

在资本家和企业家的分离问题上，奈特采取了与坎蒂隆相同的立场。两人都同意企业家可能是也可能不是资本家——通常他必须拥有一些财产，就像所有财产所有者都难以摆脱风险和责任一样。两位作者都强调的一点是，无论企业家是否拥有资本，企业家精神的本质都不在其中。正如奈特所强调的，"引起［企业家］利润的唯一'风险'是一种独特的不确定性，这种不确定性是由于行使最终责任而产生的，本质上它不能被保险、资本化或支付薪水。"

（Knight, 1921: 310）

奈特的企业家可能开展的活动范围确实很广泛。唐纳德·A. 舍恩从奈特那里得到灵感，将企业家描绘成新思想和新技术的拥护者，接受失败的风险，但愿意"为了一个不确定的成功而冒险"。（Schön, 1963: 84）舍恩将企业家视为新技术的"经纪人"，并指出"技术创新需要飞跃，而那些负责这项任务的人在事前无法证明这是合理的。因此，出现了一个在没有正式理由的情况下将风险的重担扛在肩上的人……没有权威的企业家"。（Schön, 1976: 118）

然而，杰伊·W. 福里斯特（Forrester, 1965）警告说，今天的企业家只有一次成功的机会——这是一个可疑的断言，但莫德斯托·A. 迈迪克（Maidique, 1980）对此表示赞同。并非所有经济学家都认为奈特的表述是恰当的。弗里茨·雷德利希（Redlich, 1957）认为，奈特的理论对企业家精神的史学家毫无用处，因为它一方面没有区分所有权和控制权，另一方面也没有区分管理和决定。

后记

随着19世纪接近尾声，美国经济学家越来越重视企业家的概念。在此期间，美国人扩大了资本家和企业家之间的鸿沟。尽管美国经济学家之间的看法和理论存在一些差异，但企业家不是风险承担者的观点开始得到宣扬。这代表了与坎蒂隆开创的传统的决裂。弗兰克·奈特将讨论带回到坎蒂隆,但补充了风险和不确定性之间的重要区别。

第7章

约瑟夫·熊彼特

到目前为止，接受考察的作者主要在主流经济学的均衡传统中工作。奥地利学派经济学家和奈特是例外，因为他们对非均衡过程特别感兴趣。然而，总的来说，新古典经济学专注于最终状态（即，不确定性的影响已从考虑中消除的解决方案）。无法计算的不确定性在这种主流路径中没有任何意义，因为经济问题的解决方案需要实际的和可计算的一致。一种与另一种的偏差，如真正的不确定性所允许的，不能完全适应均衡传统。因此，莫里斯·多布（Dobb, 1937: 559）正确地断言："在经济均衡的系统中，企业家的工作与任何其他生产主体的工作不能有质的不同。"

一个更坚实的企业家精神功能理论必须允许企业家参与改变企业均衡位置的决定。J. B. 克拉克朝这个方向尝试了一些步骤，但他没有完成这个过程。克拉克和约瑟夫·熊彼特都在一定程度上受到德国历史学派的影响，这是一群批评现有经济学说，尤其是英语变体的作者。正如我们将看到的，熊彼特将创新型企业家视为内生变量，并将他置于经济发展理论的漩涡中。几乎所有现代企业家精神理论都起源于熊彼特。

德国历史学派

19世纪末和20世纪初，经济思想的发展在德国与在英国或欧洲大陆其他地区不同。这部分是由于德国历史学派对经济学方法的影响。历史主义者认为，为了理解人的经济行为和约束它的制度，经济学必须用心理现实的术语来描述人的动机和行为倾向。这群作者特别反对英国政治经济学的个人主义基础以及人是"享乐主义原子"（hedonistic atom）的概念。（参见 Spengler and Allen, 1960: 500–524）

德国历史学派的创始人是威廉·罗雪尔（1817—1894）、卡尔·克尼斯（1821—1898）和布鲁诺·希尔德布兰特（1812—1878）。他们认为，对历史数据的透彻分析和全面理解是经济理论正确发展的先决条件。罗雪尔通过阐述杜尔哥的理论版本，表现出对企业家概念的早期兴趣。他的《国民经济学原理》最初于1854年出版，完全避开了利润一词，将企业家描绘成一个管理劳动者，他自己拥有并独立负责经营一家企业。他的收入——除了利息和租金——被罗雪尔描述为基本上是工资。

第二代历史主义者以古斯塔夫·施穆勒（1838—1917）为代表。施穆勒拒绝大卫·李嘉图的抽象演绎推理，而赞成对经济理论采用广泛的历史和经验路径。因此，他积累了大量的历史数据来分析实际的经济行为。在对这些数据的详细研究中，他发现所有的经济活动都有一个独特的核心因素——企业精神（enterprising spirit），即 *unternehmer* 或企业家。施穆勒的企业家是一个创造性的组织者和管理者，其角色是创新和新项目的启动。（Zrinyi, 1962）这个创造性的组织者将生产要素结合起来产生新产品或新的生产方法。施穆勒的企业家具有想象力和胆识。他是比罗雪尔的"优秀劳动者"更具特色的力量。

第三代历史学家维尔纳·桑巴特（1863—1941）和马克斯·韦伯（1864—1920）扩展了施穆勒的思想。桑巴特引入了一位"新领导者"，他通过创造性的创新使整个经济体系充满活力。这位企业家将施穆勒所描述的组织能力与个性和才能相结合，从参与生产过程的个人那里获得最大的生产力。无论他是金融家、制造商还是贸易商，桑巴特都将企业家描绘成利润最大化者。

德国历史主义者将企业家过程描述为摆脱旧的生产方式并创造新的生产方式。韦伯特别强调了这种打破均衡的过程。他试图解释一个社会系统——相比一个个体企业——如何从一种稳定的形式（也许在威权结构下）演化为另一种类型的系统。从历史上看，韦伯将这种变化与魅力十足的领导者或类似企业家的人联系起来（参见Carlin, 1956）。

韦伯（Weber, 1930: 67）从静止状态结构开始分析变化，该结构设想了"一个仅以恒定速率自我复制的经济过程；给定的人口，在数量或年龄分布上都没有变化"。在这种静止状态下，家庭的需要是给定的，不会改变；从公司利益的角度来看，生产资料是最佳的，并且同样不会改变，"除非某些数据发生变化或某些偶然事件侵入这个世界"。

在这样一个静止的社会中，没有什么需要传统上与企业家相关的活动。韦伯（Weber, 1930: 67）宣称，"在这个静止的社会中，除了普通的日常工作之外，没有其他工作必须完成——无论是由工人还是管理者完成。"然而不可避免地，变化会发生。一个可能的例子发生在工业革命前的欧洲：

> 某个来自包买主家庭（putting-out families，包工制雇主家庭）的年轻人下到农村，精心挑选他要雇用的织工，大大加强了对他们工作的监督，于是便把他们从农民变成了工人……他将开始改变他的营销方式……他开始引入廉价多销的原则。这种理性化过程到处并且始终都会一再产生这样的结果：那些不愿效仿的人只能关门

歇业。在激烈竞争的压力之下，田园诗般的状态分崩离析了。

（Weber, 1930: 68）

在这里，我们有一位企业家在起作用，破坏了起支配作用的均衡并引发了上文提到的"激烈的竞争斗争"。韦伯的成功企业家的关键特征是他的宗教义务，这构成了所谓的新教伦理。这种对宗教要求的依赖使得韦伯的理论独特而具有挑战性，但在某种程度上模糊了社会学和经济学之间的区别。或许出于这个原因，韦伯仍然处于主流经济学的边缘。

熊彼特的观点

马克斯·韦伯对约瑟夫·A. 熊彼特（1883—1950）产生了重大影响，他为工具主义方法论（instrumentalist methodology）辩护，该方法论认为理论只有在产生有用结果的情况下才有意义。对于熊彼特来说，改变经济发展理论的主要工具是企业家。发展是一个动态的过程，是对经济现状的扰动。熊彼特认为经济发展不仅是对正统经济理论核心主体的补充，而且是重新解释被静态一般均衡路径挤出主流经济分析的重要过程的基础。企业家是熊彼特的关键人物，因为很简单，他是经济发展的人的成因。

熊彼特结合了马克思、韦伯和瓦尔拉斯的思想，以及他的奥地利学派前辈门格尔、冯·维塞尔和他的老师冯·庞巴维克的见解。他没有盲目地模仿他人的作品，而是将这些元素融入到他自己的独特作品中。他同意马克思的观点，即经济过程是有机的，变化来自经济体系内部，而不仅仅是来自外部（这也是克拉克的观点）。他还钦佩马克思和韦伯作品中社会学和经济学的融合。熊彼特从瓦尔拉斯那里借用了企业家的概念，但他用一个活生生的、有血有肉的企业家取代了瓦尔拉斯一般均衡系统中的幽灵般的形象。熊彼特将企业家作为经济变化的机制，反映了奥地利学派经济学家对非均衡过程的兴趣。

企业家与创新

对熊彼特来说，竞争主要涉及企业家的动态创新。这一观点在他的《经济发展理论》（1912）中得到了最清楚、最完整的阐述，并在1939年和1950年的后期著作中得到了重复。尽管竞争的性质可能会随着时间而改变，但企业家的基本和关键作用却不会。[1]熊彼特使用均衡的概念，就像韦伯使用静止状态一样——一种理论建构，一个出发点。他创造了一个短语来描述这种均衡状态，称之为"经济生活的循环流动"。它的主要特点是，经济生活是在过去经验的基础上例行公事地进行的；没有任何明显的力量可以改变现状。在这种循环流动中，每个时期只消耗上个时期所生产的产品，只生产下个时期将消耗的产品。

> 因此，工人和地主总是只用他们的生产服务换取现在消费财货，无论前者是直接还是仅仅间接受雇于生产消费财货。他们没有必要用他们的劳动力和土地的服务来换取未来财货或未来消费财货的承诺，或者申请对现在消费财货的任何"预支"。这只是一个交换问题，而不是一个信用交易问题。时间因素不起作用。所有产品都只是产品，仅此而已。对于单个企业来说，它是生产生产资料还是生产消费财货完全无所谓。在这两种情况下，产品都会立即按其完全价值得到支付。
>
> （Schumpeter, 1934 [1912]: 42–43）

---

[1] 马克·W. 弗兰克（Frank, 1998）认为，未能理解或欣赏熊彼特的工具主义方法导致了一场关于熊彼特的企业家的二分法性质的被误导的辩论。据称，所谓的二分法涉及企业家在熊彼特的"欧洲时期"（1911—1931）与他的"美国时期"（1932—1950）的相互矛盾的看法。在前者中，熊彼特将企业家创新描述为创建小型新公司的远见者的高度个性化行为；而在后者中（当他全神贯注于资本主义向社会主义的转变时），熊彼特使典型的企业家不那么个人主义，认为公司和政府机构可能会承担企业家的职责。

在这个系统中，生产函数是不变的，尽管在已知的技术水平范围内可以进行要素替代。在这种状态下，唯一真正必须执行的功能是"将两种原始生产要素结合起来，并且这种功能在每个时期都是机械地自动完成的，而不需要与监管和类似事物有别的个人因素"（Schumpeter, 1934 [1912]: 45）。在这种人为的情况下，企业家是一个非实体。"如果我们选择称一个企业的经理或所有者为'企业家'，"熊彼特（Schumpeter, 1934 [1912]: 45–46）写道，那么他将是瓦尔拉斯所描述的那种企业家，"没有特殊的职能，也没有特殊的收入。"

但循环流动只是一种陪衬。熊彼特在《资本主义、社会主义与民主》（Schumpeter, 1950: 84）中写道，重要的问题不是资本主义如何管理现有结构，而是它如何创造和摧毁它们。这个过程——熊彼特称之为"创造性破坏"——是经济发展的本质。换句话说，发展是对循环流动的扰动。它发生在工商业生活中，而不是消费中。它是一个通过在生产中执行新组合来定义的过程。它是由企业家完成的。

熊彼特将他的理论简化为三对基本的和相应的对立面：（1）循环流动（即朝向均衡的趋势）与经济常规或数据的变化，（2）静态与动态，以及（3）企业家精神与管理。第一对由两个实际进程组成；第二对，两个理论仪器；第三对，两种截然不同的行为。该理论认为，企业家的基本功能不同于资本家、地主、劳动者和发明家的基本功能。根据熊彼特的说法，企业家可能是任何或所有这些东西，但如果他是，那是出于巧合而不是功能。原则上，企业家的功能也与拥有财富无关，即使"拥有财富的偶然事实构成了实际优势"（Schumpeter, 1934 [1912]: 101）。此外，在技术意义上，企业家并没有形成一个社会阶级，尽管他们在资本主义社会中的能力受到尊重。

熊彼特承认，企业家的基本功能几乎总是与其他功能混杂在一起，因此马歇尔将企业家定义为经理很有吸引力。但他断言，管理并没有引发企业家真正独特的功能。"监管功能本身并不构成本质的经济区别。"他宣称。（Schumpeter, 1934 [1912]: 20）然而，做出决定的功能是另一回事。在熊彼特的理论中，动态的企业家是创新的人，是在生产中制造"新组合"的人。

熊彼特以多种方式描述了创新。最初，他阐明了构成经济发展基础的各种新组合。它们包括以下内容：（1）创造一种新财货或新财货质量；（2）创造一种新生产方法；（3）开辟一个新市场；（4）获取一个新供应来源和（5）一种新的产业组织（例如，垄断的产生或破坏）。当然，随着时间的推移，这些新组合的力量随着"新"成为"旧"（循环流动）的一部分而消散。但这并没有改变企业家功能的本质。熊彼特说，"每个人只有在真正'进行新组合'时才是企业家,而一旦他建立起自己的生意,当他安定下来开始经营,就像其他人经营他们的生意一样,就失去了该角色。"(Schumpeter, 1934 [1912]: 78)

从技术上讲,熊彼特用跟生产函数的关系来定义创新。他说,生产函数"描述了在要素数量变化时产品数量变化的方式。如果我们改变函数形式而不是要素数量,那么我们就有了一次创新"(Schumpeter, 1939: 62)。然而,仅仅是为了降低成本而对知识进行的改进只会导致现有财货的新供应计划,因此这种创新必须涉及新商品或更高质量的商品。然而,熊彼特认识到激发创新的知识不一定是新的。相反,它可能是以前没有被利用的现有知识。可能并不存在某个时间能让现有的科学知识储备得到完全利用,但根据熊彼特(Schumpeter, 1928: 378)的说法:

> 重要的不是知识,而是成功解决将一种没有试过的方法付诸实践的特殊任务——可能而且通常根本不涉及科学新颖性,即使涉及,这也不对过程的性质产生任何影响。

在熊彼特的理论中,成功的创新需要意志行动,而不是智识行动。因此,它取决于领导力,而不是智力,并且它不应与发明相混淆。熊彼特(Schumpeter, 1934 [1912]: 88–89)

坚持认为创新和发明需要：

> 完全不同的天赋。尽管企业家当然可能是发明家，就像他们可能是资本家一样，但他们是发明家，并非出于其功能，而是出于巧合，反之亦然。此外，企业家进行的创新不一定是什么发明。"[1]

在熊彼特体系中构成创新的领导力不是同质的。领导才能部分源于对知识的使用，而知识具有公共财货的各个方面。行动者以各种方式感知知识并对其作出反应；每种都可能以不同的方式将公共财货内化。领导者凭借他的才能与经理拉开差距。根据熊彼特（Schumpeter, 1928: 380）的说法，"静态"管理日常工作的不同能力只会导致所有管理者在所做的事情上取得不同的成功，而不同的领导能力意味着"有些人能够承担以前没有做过的事情的不确定性；[确实]……克服改变做法时易发生的这些困难是企业家的功能"[2]。

---

[1] 企业家精神作为创新的理念具有实际应用和分析影响。格里·斯威尼（Sweeney, 1985）认为，欧洲六国增长计划的目标是通过支持企业家精神而不是其他增长机制（如研究）来促进创新。
[2] 关于企业家才能在绩效方面的分布的类似概念，见Brown and Atkinson, 1981。

企业家利润

熊彼特的企业家功能与穆勒所描述的管理功能形成鲜明对比,但与马歇尔的企业家——他也是一个领导者和一个具有创造性想象力的人——有着适度的类同。与马歇尔一样,熊彼特将企业家的利润与管理者的收益分开。然而,他断然拒绝将利润作为级差租金的想法,坚持不要将其与其他要素收益相混淆。他认为,"利息和利润的混杂"在历史上曾在经济学中造成过许多危害,导致许多作者得出错误的结论,即利润总是"趋向于均等化……这在现实中根本不存在"。(Schumpeter, 1934 [1912]: 153)

熊彼特认为克拉克的利润理论最接近自己的,而与克拉克一样,熊彼特声称企业家利润的存在本身就意味着均衡已被破坏。尽管企业家和利润在"经济生活的循环流动"中消失了,但熊彼特认为经济现实是一个从一个均衡到下一个均衡的动态过程。实际行动(例如,经济发展)发生在非均衡中。因此,我们有了他的这个主张:"没有发展就没有利润,没有利润就没有发展"。(Schumpeter, 1934 [1912]: 154)

但是利润的基本性质是什么?对于熊彼特来说,企业家利润是一种剩余,即收入超过成本的剩余。剩余可能是因为企业家对现有资源的新组合降低了成本,也可能是因为它提高了价值(例如,通过生产新产品)。无论哪种方式,剩余的大小都与企业家的生产力有关,但与其他生产要素的回报方式不同。

熊彼特系统中利润的悖论在于它们同时与其他要素收益相似和不同。尽管这个类比很诱人,但熊彼特(Schumpeter, 1934 [1912]: 153)拒绝将利润与工资等同起来。他做了进一步阐述,补充道:

> 它当然不是一种简单的剩余。它是企业家对生产所做贡献的价值表达,与工资是工人"产出"的价值表达具有完全相同的意义……然而,虽然工资是根据劳动的边际生产力决定的,但利润是该法则的一个明显例外:利润问题恰恰在于成本法则和边际生产力法则似乎将它排除在外。而"边际企业家"所得到的,对于其他企业家的成功来说,完全是无关紧要的。工资的每一次上涨都扩散到所有工资上;而一个作为企业家取得成功的人,一开始是独占这种上涨的。工资是价格的一个要素,利润则不然。支付工资是生产的阻碍之一,利润不是。关于后者,人们可能会更正确地谈及古典经济学家对地租的断言,即它不进入产品的价格。

许多早期的作者——从坎蒂隆到霍利——都强调企业家的利润和风险之间的联系。熊彼特拒绝了这一观点。他认为，风险落在资本家或财货所有者身上，而不是作为企业家的企业家身上。尽管有不同寻常的意志和精力，熊彼特的企业家是一个没有资本的人。在这个问题上，熊彼特站在克拉克一边，偏离了他的导师冯·庞巴维克，对庞巴维克来说，企业家显然是资本家，没有分离的可能。

S. M. 坎布尔（Kanbur, 1980）严厉批评熊彼特的利润理论忽略了除了单纯的金融风险之外的其他形式的风险。坎布尔将机会成本列为企业家风险的一个组成部分，尤其是对于非资本家的企业家而言。一种机会成本是声誉风险，其中熊彼特（Schumpeter, 1934 [1912]: 137）说："即使他［企业家］可能会冒名誉风险，但失败的直接责任永远不会落在他身上。"坎布尔强烈反对这一观点。他声称个人不需要自己经营企业。每个企业家都可能面临不确定性，自我怀疑自己的企业家能力。这种不确定性可以通过从事一个人的能力不确定性较小的工作并将自己的资本借给提供更好回报的人来规避。不这样做就是拿自己的名誉和资本冒险，至少就安全的替代选择而言是这样。因此坎布尔（Kanbur, 1980: 493）得出结论：

> 出于概念或分析目的，这两种风险确实可以分开，尤其是因为资本的机会成本通常不同于企业家努力的机会成本，而收益和损失与这些机会成本相关，因此风险

必须被概念化。

坎布尔（Kanbur, 1979）发现企业家精神的坎蒂隆-奈特阐述更适合于模拟企业家行为的任务，特别是为了发现冒险与个人收入分配之间的关系。

脱离了场景，熊彼特无法回答现代批评家。但多年前，他曾为自己的概念辩护，称其并不古怪，且在历史上是合理的：

> 由于构成企业家的是进行新的组合，因此他不必与单个公司永久联系；……我们的概念比传统概念更窄，因为它不包括所有可能经营已建立业务的公司负责人或经理或实业家。……不过我坚持认为……[我的]定义只不过是更精确地阐述了传统学说的真正含义。首先，在区分"企业家"和"资本家"这一基本点上，我们的定义与通常的定义一致——无论后者是否被视为货币、对货币的索取权或物质财货的所有者。……它还解决了普通股东是否是企业家的问题，并摒弃了企业家作为风险承担者的概念。
>
> （Schumpeter, 1934 [1912]: 75）

尽管有熊彼特的辩护，但其他经济学家指责他相对忽视了企业家精神理论中的不确定性主题。几十年前，安德烈亚斯·帕潘德里欧认为，不确定性对于理解和欣赏企业家摆脱常规的环境至关重要。为了弥补熊彼特理论的不足，帕潘德里欧（Papandreou, 1943: 23）提出了一个使不确定性更加明确的替代定义："企业家是在不确定和不可预测的条件下进行创新的人。"

后记

熊彼特对经济发展理论的影响是巨大的，即使在那些完全拒绝他的企业家精神理论的经济学家中也是如此。那些想要修改这个理论的人被迫按照原来的条件来处理它。从长远来看，事实证明，熊彼特的愿景和理论工具对经济学家来说比韦伯的更有吸引力。这在一定程度上无疑是因为熊彼特的理论不依赖于超经济因素。两位思想家都提出了企业家的领导理论。韦伯将创新者视为新教世俗苦行者的"理想类型"，而熊彼特则将他描绘为超常的经济主体。后者是一种更合理的分析策略，因为在经济演化理论中，假设具有非凡经济能力的人的出现是一种变化机制，比假设约翰·加尔文或类似神授超凡能力人物的随机出现更有意义。

罗南·麦克唐纳（Macdonald, 1971）敏锐地指出，就经济变化理论而言，熊彼特的分析处于马歇尔和韦伯之间的中间地带。马歇尔的理论逐渐适应了偏好和生产函数的变化,结果是道德品质、品味和经济技术的不断提高。它的缺点是它没有解释商业周期,这一缺陷是马歇尔的学生凯恩斯着手弥补的。马歇尔的路径还暗示了线性进步理论,熊彼特的理论否认了这一理论。韦伯的理论发展了自己的一套道德义务,并用它们来解释快速的社会和经济转型,这些转型标志着长期的历史连续性。熊彼特假设创新和适应浪潮不断发生,仅仅是因为企业家总是存在并且是变化的持久力量。

归根结底,熊彼特经济发展理论的吸引力来自于它的简单和有力。熊彼特的这句话总结了这种简单性和力量:"新组合的执行,我们称之为'企业';执行新组合的个人,我们称之为'企业家'"(Schumpeter, 1934 [1912]: 74)。然而,尽管熊彼特对经济发展的贡献很重要,但他的理论的更大动力学未能深入渗透到传统的经济分析中。然而,经济史学家更愿意应用熊彼特的范式。[1]在实用方面,阿尔伯特·赫希曼试图通过强调除创造性成分之外的企业家精神的"合作"成分来支持熊彼特的观点。对于赫希曼(Hirschman, 1958: 17)来说,企业家必须不仅仅是一个创造性的"反叛者"。他还必须体现"在所有相关方(例如[新]工艺的发明者、合作伙伴、资本家、零件和服务供应商、分销商等)之间促

---

1 最近的一个例子,参见Jonathan Hughes, 1986。

成协议的能力"。然而，与熊彼特的作品之后发展起来的许多理论一样，这种附加的观点是对基本理论的补充，而不是替代。

第8章

超越熊彼特

熊彼特的经济发展理论和其中的企业家精神理论激发了20世纪企业家精神研究的新浪潮。然而，20世纪的作者们的反应各不相同。在哈佛大学——熊彼特在美国的学术大本营，一个从经济史的角度研究企业家的传统开启了。其他作者更关注熊彼特理论的分析，尤其是企业家是一种均衡力量还是非均衡力量的问题。还有一些作者按照新古典和奥地利学派的路线划分自己。在本章中，我们将揭示和研究这些不同的路径及其提出者。

哈佛历史研究

紧随着熊彼特对经济发展的研究，由阿瑟·H.科尔（1889—1974）创立的哈佛大学企业家历史研究中心开启了企业家精神历史研究的传统。科尔对企业家的兴趣和他对该主题的看法受到埃德温·F. 盖伊（1867—1946）的影响，后者是美国经济史协会创始人和熊彼特的追随者。作为一个变化的非均衡主体，企业家在盖伊的历史哲学中占有重要地位，该哲学断言社会中允许的自由竞争的数量因社会需要而异。在这个自由竞争的体系中，企业家是一个以自我为中心的行动者和一种破坏性的力量，但根据盖伊（Gay, 1923–24: 12）的说法，"在历史节奏中的某些时期……该破坏性的、创新的能量对社会有利，必须被给予更自由的机会"。

在盖伊的带领下，科尔谴责经济史学家和经济理论家对企业家的忽视。为了发现企业家精神的独特性及其对经济学的重要性，科尔提倡采用各种方法的案例研究路径，包括随着时间的推移对特定个体的横断面调查、特定企业家功能的纵向研究（例如，人事政策趋势），以及能够为当前问题提供解决方案的历史企业家精神概念研究。[1]

科尔的企业家有两个值得注意的特征，每个特征在经济学上都有早期前因。首先，他是一个生产主体，他利用其他生产要素来创造财货。其次，他在不确定性下做出决定。在自冯·维塞尔以来最全面（如果不是最冗长的话）的企业家精神定义中，科尔（Cole, 1949 : 88）将企业家精神定义为：

---

[1] 另见卡尔·W. 多伊奇（Deutsch, 1949），他概述了类似于科尔的企业家精神研究的功能分析。多伊奇建议分析者应该确定企业家执行的最重要的一个技术或社会功能是什么，然后调查该功能对某个特定时空的主要和次要影响。

> 一个人或一组相关个人的有目的的活动（包括一系列完整的决定），这些活动旨在发起、维持或扩大一个以利润为导向的业务单位，生产或分配经济财货和服务并以金钱或其他好处为目标或成功标准，与单位自身的内部情况（或在其规定的条件内）相互作用，或与一个允许相当程度决定自由的时期的经济、政治和社会环境（制度和实践）相互作用。

"有目的的活动"可能是一个五花八门的概念。我们认为这意味着企业家活动是针对某个目标（可能是利润最大化）的。但是，它也可以指做出决定并执行它们的理性能力。[1] "一系列完整的决定"表明了组织在企业家精神的概念理解中的重要性——利兰·H. 詹克斯（Jenks, 1949）强调了这一主题。[2] 因此，作为制度基准的"业务单位"（business unit）构成了这种观点中企业家行动理论的基础。詹克斯（Jenks, 1949: 151）断言"业务单位和企业家是相互依存的

---

[1] 休·G. J. 艾特肯（Aitken, 1949）强调企业家环境中的决定参数，例如技术知识的进步。
[2] A. L. 明克斯和G. R. 福克塞尔（Minkes and Foxall, 1980）以及S. A. 阿尔瓦雷斯和J. 巴尼（Alvarez and Barney, 2005）提出了企业家精神研究中的组织问题。埃文斯（Evans, 1949）、斯彭格勒（Spengler, 1949）和科尔（Cole, 1959）认为企业家精神实际上是一个复数概念。斯彭格勒建议，企业家精神功能可以被视为一组需要完成的任务，并且由一个企业家团队完成。

概念。一个业务单位是一个由企业家角色和非企业家角色组成的系统，该系统被构建为一个由交换集、生产执行者和合作活动组成的系统。"

这段话说明了哈佛经济史学家的一个重要主题，即企业家精神的定义和意义必须与影响企业家决定过程的环境特征相关联。在这一点上，科尔和其他人追随了熊彼特的脚步，因为他认为企业家的创新行动以共生方式影响着环境。

沙克尔的反均衡路径

在大西洋彼岸，G. L. S. 沙克尔（1903—1992）表达了他的信念，即企业家创造历史。沙克尔将注意力集中在企业界的心理决定行动上。在其调查商业企业的性质和本质的早期阶段，沙克尔（Shackle, 1955）确定了两种必须履行的作用。一是承担不确定性；另一个是做决定。这两种作用并非不相关，因为决定涉及即兴发挥（improvisation）或发明（invention）——只有在一个充满未知和不确定性的世界中才真正可能采取的行动。

沙克尔在解释商业决定的性质和其中人的行动的范围方面尽了最大的努力。作为一个敏锐的马歇尔主义者，他批评主流经济理论未能认识到马歇尔的主要发现——时间在事务世界中的作用。沙克尔说，时间编织了一幅历史织锦，其中的线是人的决定的结果。因此：

> 我们理所当然地认为我们对自己的行动负有责任；认为这些行动在深刻的意义上是创造性的、开端性的，是历史新奇的源泉；认为每一个这样的行为可以说都是时间正在编织的织锦中一条新线的未连接的起点。
>
> （Shackle, 1966: 73）

时间和不确定性是近亲。沙克尔的企业家精神路径直面不确定性并拒绝确定性模型，但它肯定在实际事务的世界中存在着某种秩序。总而言之，他的研究议程要求协调不确定性和富有想象力的体验，这两个元素构成了每个商业决定。但什么是不确定性？对沙克尔来说，不确定性是一种心智状态（state of mind），是一种主观的东西。然而，这种主观程度受到可能性的限制，这是将问题保持在分析操作范围内进行研究所要求的条件。沙克尔（Shackle, 1966: 86）坚持认为，如果没有人的行动的限制，个人就无法影响事件的进程；因此，"只有有限的不确定性才能让他创造性地行动"。

沙克尔认为，面对有限的不确定性，商业决定涉及想象力和选择。沙克尔的大部分工作都在详细阐述这两个元素中的第二个。沙克尔避开了"entrepreneur"（企业家）这个模棱两可的术语，称决策者为"enterpriser"（企业家）。他将这个术语保留给那些实际承担不确定性的生产者，并称赞"那些希望能够订立合同摆脱不确定性的人"（Shackle, 1955: 82）。尽管做出决定和承担不确定性可以被认为是两个角色而不是一个角色，但对于沙克尔来说，enterpriser是承担这两个角色的唯一一个人。

尽管这种术语转变背后的动机是显而易见的，但沙克尔的enterpriser和坎蒂隆的entrepreneur之间仍然有着密切的联系。沙克尔试图进入企业家的头脑，可以说是为了发现企业决定的基础。在这个过程中，他反映了一种马歇尔主义、凯恩斯主义和奥地利学派关注点的综合。像马歇尔一样，他寻求将时间的影响完全融入决定经济学中。像凯恩斯一样，他面临着商业决定的不确定性问题。和门格尔等人一样，他是一个激进的主观主义者。然而，也存在着重要的区别。与上述任何一种不同，沙克尔的经济学路径是心理的和反均衡的。

沙克尔认为他自己的工作是一个凯恩斯主义问题（即商业投资的决定因素）的一次延伸。他认为凯恩斯主义范式存在根本的矛盾。他将凯恩斯的《通论》称为"一个悖论，因为它的核心关注点是不确定性、基于猜想的决定以及完全缺乏客观稳定性的情况，但它使用了一种均衡方法"。（Shackle, 1955: 222）作为对这种反常现象的回应，沙克尔抛弃了均衡方法——这是一种激进的做法，这可能是主流经济学未能更认真地对待他的原因。沙克尔的真正追随者相对较少。最突出的是路德维希·拉赫曼，他也表现出强烈的奥地利学派倾向。

企业家精神与人力资本

诺贝尔奖获得者T. W. 舒尔茨（1902—1998）在新古典范式内提出了一种企业家精神理论。舒尔茨在当代经济文献中发现，人们一直未能看到那些实现经济均衡的人所获得的回报，尤其是当这种实现发生在某些非市场活动中时。作为人力资本理论的主要先驱，舒尔茨从这个角度探讨了企业家精神。他主要从四个方面批评企业家精神的标准概念和处理：（1）这个概念通常仅限于生意人；（2）它没有考虑到企业家之间配置能力的差异；（3）企业家精神的供应不被视为一种稀缺资源；以及（4）每当一般均衡考虑主导经济研究时，企业家精神就会被忽略。（Schultz, 1975: 832）

舒尔茨取得了两项重大进展。首先，他将企业家精神的概念重新定义为"处理非均衡的能力"，并将概念扩展到非市场活动（如家庭决定、时间分配）以及市场活动。其次，他提供了教育对人们感知和应对非均衡能力的影响的证据。他认为熊彼特在他的表述中走得不够远。"无论经济增长是否被认为是'进步'，"舒尔茨（Schultz, 1975: 832）宣称，

"它是一个充满各种非均衡的过程。"可以肯定的是，熊彼特的企业家"制造了发展的非均衡"，但熊彼特并没有成功地将企业家的功能扩展到"所有其他的非均衡"，包括重新分配劳动力服务的劳动者或重新分配自身资源（主要是时间）的学生、家庭主妇和消费者。

舒尔茨（Schultz, 1980: 438）还认为，由于公共部门研发的增长，熊彼特的企业家已经成为当今社会技术故事中越来越少的一部分，这是熊彼特无法预料的发展。事实上，熊彼特在他的《资本主义、社会主义与民主》（第3版，1950）中花了很多篇幅明确感叹这一事实，即官僚主义的发展削弱了开拓创新精神。

与沙克尔不同，舒尔茨大力捍卫均衡方法。他声称"除非我们发展均衡模型，否则无法分析这种特殊能力［企业家精神］的功能"（Schultz, 1975: 843）。因此，舒尔茨扩大了企业家精神的概念，使其包含任何有能力处理非均衡的经济主体；他坚持认为，企业家能力的供应是一种稀缺的经济资源。

企业家能力的供应是一些经济学家的症结所在。舒尔茨的理论试图区分公司、家庭和个人所面临的非均衡，以便追踪供应函数，以获得处理非均衡的有用能力。从这个意义上说，供应"取决于任何时间点特定形式的人力资本的存量，以及取决于根据这些能力所提供的服务所带来的回报可以促使存量增加的成本和速率"（Schultz, 1975: 834）。在这方面测试教育的效果时,舒尔茨发现它是一个强有力的解释变量。[1]

在基础上,舒尔茨对新古典范式的坚定投入塑造了他的企业家精神路径。根据这个范式,由于企业家能力是一种有用的服务,企业家们必须有一个可识别的边际产品。因此,在正常的供需功能意义上,服务必须有一个"市场"。舒尔茨用以下方式总结了他的论点,他重申了冯·曼戈尔特–马歇尔的观点,即企业家活动的价值是对能力的不同回报。

> 我的论点的实质是,在动态经济中,非均衡是不可避免的。这些非均衡不能通过法律、公共政策来消除,当然也不能通过修辞来消除。如果不是因为大量人类主体的企业家行动重新分配他们的资源,从而使他们在经济中的部分恢复均衡,那么现代动态经济就会分崩离析。每一个重新分配资源的企业家决定都会带来风险。企业家所做的事情具有经济价值。这个价值作为租金,即作为对他们的企业家表现的奖励的租金,累积到他们身上。这个奖励是赚到的。尽管对大多数人类主体的企业家精神的奖励很小,但总的来说,在动态经济中,它占国民收入增长的很大一部分。这部分在国民收入增

---

[1] 除了舒尔茨1975年论文(Schultz, 1975)引用的著作,尤其是Huffman, 1974,还可以参见Roberts and Wainer, 1971,该文总结道,除了教育,一个人的家庭和宗教背景对目标导向和动机有很大的影响。

长中的隐瞒意味着企业家在经济学上没有得到应有的回报。

（Schultz, 1980: 443）

根据舒尔茨（Schultz, 1975: 843）的说法，明确承认企业家精神与教育之间的联系仅仅是"在看似漫长的新道路上迈出的第一步"。这条新路肯定有很多坑洼和弯路。例如，在最基本的层面上，教育与知识之间的确切联系是不清楚的。弗里茨·马赫卢普（Machlup, 1902—1983）认为正规教育只是知识的一种形式（这反映了弗里德里希·哈耶克对他的影响）。不同的人也通过经验以不同的速度获得知识。个人可以从他们的日常经验中积累知识，马赫卢普（Machlup, 1980: 179）声称，这"通常会引发反思、解释、发现和概括"。此外，获取知识的成本与有差别的能力有关：

一些警觉和思维敏捷的人，通过留心新的事实和理论、发现和机会，察觉到那些警觉性和洞察力较低的正常人不会注意到的事情。因此，对于那些保持警惕、充满好奇心、足够聪明不会错过机会的人来说，新知识可以以低成本或无成本的方式获得。

（Machlup, 1980: 179）

因此，我们是否应该综合舒尔茨和马赫卢普来解释企业家能力源于认知和经验事件？对事实知识的投资显然是可能的，但个人从环境中接收和吸收知识的能力可能仍然存在先天差异。如果是这样，企业家精神的人力资本路径可能最终取决于遗传基础。

人力资本路径的一个值得注意的特点是，它拒绝将企业家奖励作为风险回报的想法。舒尔茨坚持认为，尽管风险在动态经济中无处不在，但风险与企业家活动之间并没有排他性的联系。用他的话说，"承担风险并不是企业家的独特属性。尽管企业家承担风险，但也有一些不是企业家的人承担风险"（Schultz, 1980: 441）。因此，直到20世纪，风险和不确定性之间的紧张关系在经济学文献中继续上升。

奥地利学派复兴

在希特勒"第三帝国"的阴影笼罩整个大陆之前，一些第二代奥地利学派经济学家在20世纪30年代从欧洲移民。弗里德里希·哈耶克（1889—1992）去了伦敦。路德维希·冯·米塞斯（1881—1973）和约瑟夫·熊彼特都是冯·庞巴维克的学生，他们来到美国。尽管熊彼特很快在美国找到了学术归宿，但冯·米塞斯的日子却很艰难。最终，他在特殊安排下加入了纽约大学。在那里，他成为奥地利学派经济学的旗手，为一小群有能力的学生和追随者提供智识上的帮助。

冯·米塞斯将经济学定义为对人的行动的研究。显然，人的行动包含广泛的活动。明显具有经济性的人的行动发生在市场框架中。根据冯·米塞斯的说法，市场活动的本质是一个企业家过程。克拉克、奈特和熊彼特通过先引入经济体的人为建构（即静止状态；循环流动）然后假设企业家活动如何改变这些状态来发展他们的理论，与他们一样，冯·米塞斯将他的理论建立在"均匀轮转经济"（evenly rotating economy）之上。均匀轮转经济代表了世界的僵化图景——一种以日期和时间没有变化为特征的均衡状态。这是一个完全的价格稳定的世界，市场价格和最终价格一致。在这样的环境下，人的行为只能是不自觉的反应。根据冯·米塞斯（Mises, 1949: 249）的说法，"这个系统不是由在做出选择并容易犯错误的活生生的人组成的；这是一个没有灵魂、没有思想的机器人的世界；它不是一个人类社会，它是一座蚁丘。"只有当人的行动被视为"有目的的行为"时才会发生变化，因为"行动即变化"。均匀轮转经济的明确目的仅仅是为构建一个现实的理论提供一个出发点。[1]

---

[1] 冯·米塞斯（Mises, 1949: 248–249）基于方法论为这一概念辩护："要研究复杂的行动现象，除了首先对一切变化加以抽象，然后引入一个导致变化的孤立因素，最终在其他因素不变的假定下分析其效果之外，别无他法可用。"

米塞斯的人的行动的一个基本方面是它影响未来并受未来影响。冯·米塞斯（Mises, 1949: 253）宣称："行动的结果总是不确定的。行动总是猜测。"因此，实际经济中的参与者做出选择并应对未来的不确定性。在这种情况下，"企业家一词……指……专门从每一行动所固有的不确定性方面来看的行动者"（Mises, 1949: 254）。由此可见，在均匀轮转系统中，没有人是企业家；但在实际经济中，"每个行动者都是企业家"（Mises, 1949: 253）。

根据这种观点，在无法完全确定能收回款项的情况下借出资产的资本家是企业家（尽管这并不意味着企业家必须是资本家）。农场主也是如此。事实上，任何生产要素的所有者都会受到不确定性的影响。劳动者也是企业家，因为他们的工资是由不确定的市场活动决定的。我们在这里看到的是坎蒂隆对企业家的原始观点的逻辑延伸。冯·米塞斯撒下更大的网，将被坎蒂隆排除在外的地主和劳动者带入了企业家圈。换言之，冯·米塞斯将不确定性推广到了所有市场活动。

像他之前的许多作者一样，冯·米塞斯在收入分配理论的背景下研究了企业家的角色。他区分了功能分配和历史分配，提请在每一种分配中注意企业家，并揭示了该概念在其双重用途中的模糊性。冯·米塞斯说，一方面，经济学在一般意义上使用企业家一词（那些获得总收入的功能份额的人），另一方面，它在狭义上使用那些"执着于按照预期的市场变化而调整生产活动从而获利的人，那些比普通人更具原创力、冒险精神和敏锐目光的人，那些推动和发起经济改善的先驱者"。他的结论是，用同一个词来表示两个不同的概念是很尴尬的，并且"对第二个概念使用另一个词［可能］更可取 —— 例如，'发起者'（promoter）这个词"（Mises, 1949: 254–255）。

将第二类经济主体与熊彼特式的企业家相提并论是很有诱惑力的，特别是因为冯·米塞斯（Mises, 1949: 255）认为"市场的驱动力 —— 这个趋向于不断创新和改进的因素 —— 是由发起者对现状的不满足和他对尽可能大的利润的渴望提供的"。但冯·米塞斯煞费苦心地将他的企业家概念与熊彼特的区分开来。在提出"由于企业家活动与技术创新和改进的混淆而导致的错误"之后，冯·米塞斯（Mises, 1951: 11–12）认为"……消费者需求的变化可能需要调整，而这些调整根本不涉及技术创新和改进"。他断言，企业家的工作不仅仅是尝试新的技术方法，而是从一系列技术上可行的方法中进行选择：

> 那些最适合以最便宜的方式向公众提供他们最迫切需要的东西的方法。一项新的技术程序是否适合此目的由企业家临时决定，最终由进行购买的公众的行为决定。

因此，尽管企业家的功能是做出决定，但涉及创新和技术改进的决定并不构成企业家所关注的完备集。

在资本主义经济发展的传统中，盈亏是企业家活动的胡萝卜和大棒。冯·米塞斯（Mises, 1951: 21）说："创造盈亏的是企业家决定"，而不是资本本身。资本可以被用来支持好的或坏的（错误的）想法。如果它被用来支持一个好的想法，就会产生利润；如果它被用来承保一个坏的想法，就会发生损失。他补充说："利润最终来源于精神行动，即企业家的心智。利润是心智的产物，是成功预测市场未来状态的产物。"

无论人们如何看待冯·米塞斯的企业家精神理论与熊彼特的企业家精神理论之间的差异，冯·米塞斯和奈特在这个问题上似乎根本没有显著差异。当然，冯·米塞斯在讨论中带来了一些传统的奥地利学派经济学家的关注点，但在涉及企业家精神主题的几乎每一个基本点上，他都被视为"奈特主义者"。然而，他对奈特的确切智识债务仍然只是一种猜测。

米塞斯的学生伊斯雷尔·柯兹纳（1930—）提出了奥地利学派阵营中最具挑衅性的"新"企业家精神理论。对于柯兹纳来说，企业家精神的本质是对利润机会的警觉。在承认受冯·米塞斯和哈耶克的综合影响后，柯兹纳提出了他的理论，作为舒尔茨的"新古典"观点和沙克尔的"激进"观点的折中。他的企业家精神路径基于三个重要理念。首先是冯·米塞斯将市场视为一个企业家过程的核心观点。第二个是哈耶克关于市场产生一个学习过程的重要见解。第三是坚信企业家活动是创造性的发现行动。(Kirzner, 1985: x)

像沙克尔一样，柯兹纳对主流经济学持批评态度，因为它没有为有目的的人的行动留下空间。但与沙克尔不同的是，柯兹纳不希望放弃经济均衡的框架。所以柯兹纳承认，企业家的作用是实现使经济市场走向均衡状态所必需的那种调整。他认为，关注均衡结果而不是均衡过程的经济模型忽略了这一关键作用。

柯兹纳(Kirzner, 1979a: 110)遵循冯·米塞斯，坚持认为，作为均衡分析的主流新古典经济学定义了"一种状态，在这种状态下，每个决定都正确地预见了所有其他决定"，在这种状态下，决定和行动仅通过机械计算；判断没有立足之地；每个市场参与者做出的决定只是调整给定的手段以适应给定的目的。相比之下，在米塞斯的动态经济中，知识既不完整也不完全，因此市场一直处于非均衡状态，正是非均衡为企业家功能提供了空间。

在柯兹纳最早提出的企业家精神中，他似乎在几个方面与冯·米塞斯背道而驰，从而引起了原本友好的批评家的抨击。有人反对柯兹纳所说的"纯粹而身无分文的企业家"，即不拥有任何资本的企业家。批评的要点是，如果一个人没有东西可失去，就没有任何意义可以说他承担风险，而这是冯·米塞斯企业家精神概念的精髓。冯·米塞斯（Mises, 1951: 13）写道："有一个简单的经验法则可以区分企业家和非企业家。企业家是那些承担已动用资本的损失的人。"柯兹纳独立于冯·米塞斯，但据称具有相同的传统，认为企业家精神的本质是对感知到的利润机会的警觉。这是一个隐含在冯·维塞尔和冯·米塞斯作品中的想法，尽管他们未能发展其全部含意。

在他的讲座中，柯兹纳喜欢强调这样一个类比，即企业家是这样一种人，当他看到面前地上的10美元钞票时，他会警觉这个机会并迅速抓住它。警觉的人会迅速抓住它；警觉的程度越低，识别机会并采取行动的时间就越长。并非所有的企业家生而平等。通过以这种方式强调纯粹的警觉，柯兹纳强调感知（认识到一个确定的机会）的质量，而实际上每个利润机会都是不确定的。柯兹纳说明警觉最著名的案例是套利者，即由于跨期或跨空间需求的差异，发现机会低买高卖相同物品的人。在这些情况下，柯兹纳的企业家既不像冯·米塞斯的企业家一样需要资本，也不像沙克尔的enterpriser一样需要想象力。

作为对批评者的回应，柯兹纳阐述了他对企业家精神与不确定性的看法。劳伦斯·怀特（White, 1976）和穆瑞·罗斯巴德（Rothbard, 1985）——在他对罗伯特·F. 埃贝尔（Hébert, 1985）的讨论的赞同中——质疑不确定性在柯兹纳的企业家观念中的作用。这些作者提出的问题是，套利涉及现在的、已知的利用在时间或空间上超过交易/转移成本的价格差异的机会，而不确定性仅存在于未来。因此，通过将企业家活动限制在套利实践中，柯兹纳淡化了不确定性在人类决定中的重要性。结果对经济分析很重要，因为忽略不确定性的理论无法解释企业家损失，只能解释企业家收益。[1]

柯兹纳最近遇到了这种不对称性，并在一定程度上改变了他的立场。他现在认为，不确定性是企业家活动概念的核心，但这种关系比以前想象的要微妙。也是套利者精神（arbitrageurship）的企业家精神涉及发现过去的错误（即单期市场决定），而面对不确定性的企业家精神涉及多期市场决定，需要沙克尔的enterpriser的想象力和创造力。两种观点都定义了利润机会，但后者给予企业家框架构建才能的范围更广，并因此强调他的历史创造作用。相比之下，前一种观点强调企业家在给定框架内的计算和判断。

---

[1] 罗斯巴德认为，即使是套利者也受到不确定性的影响："套利者可以感知到一种产品在一个地方以一个价格出售，而在另一个地方以更高的价格出售，因此在第一个地方买入，然后在第二个地方卖出。但他最好小心谨慎。交易不是瞬时完成的，中间可能会发生一些事情，将看似确定的利润变成损失。毕竟，其他企业家可能不会对等待套利的获利机会视而不见，他们可能知道一些我们的潜在套利者不知道的事情。"（Rothbard, 1985: 282）

因此，柯兹纳现在捍卫了一种综合的企业家精神观点，该观点将划时代的企业家活动（按沙克尔的方式）与他之前强调的套利者的纠正调整相结合。在这种新形式中，企业家精神的本质通过冯·米塞斯更直接地追溯到坎蒂隆的原始表述。时间和不确定性可能会改变被称为企业家精神的行动形式，但它们不会改变企业家的基本功能。这种认识是柯兹纳更广泛观点的基础，即：

> 在单一时期的案例中，警觉充其量只能发现迄今为止被忽视的当前事实。在多时期（multi-period）的情况下，企业家警觉必须包括企业家对于具有创造性和想象力的行动可能如何重要地塑造未来市场时期中将进行的交易类型的感知。
>
> （Kirzner, 1985: 63–64）

换言之，必须明确所研究的市场过程的性质，以了解企业家功能在该过程中的具体表现。

企业家能力的正常供应曲线的概念成为柯兹纳和舒尔茨之间争论的主要问题。舒尔茨（Schultz, 1980: 439）批评柯兹纳忽视企业家精神是一种稀缺资源（即，没有根据供应曲线来处理它）。柯兹纳（Kirzner, 1985: 89）回应说这样做根本没有用，因为警觉不涉及可识别的成本或所需金额。他俩在这个问题上一直没有和解,因为两位参赛者的目的不同。舒尔茨将企业家能力视为一种服务——如果可以被狭义地定义,它可能符合价格和数量表的概念。[1]然而,柯兹纳将警觉(即企业家精神)视为要么存在要么不存在的人的特征。对于柯兹纳来说,一旦大自然赋予它独特的分配,警觉就无法从根本上增强,就像美丽一样。

尽管存在这种根本分歧,但柯兹纳和舒尔茨的理论触及了许多重要问题。两位作者都将企业家视为在非均衡情况下感知利润机会并采取相应行动的人。两人都认为,这个概念非常重要,而且范围比迄今为止在经济文献中呈现的要广泛得多。两种理论之间的分界线倾向于建立在方法论而非分析的基础上。

企业家精神和X非效率

像柯兹纳这样的新奥地利学派经济学家为新古典经济学的一般均衡范式提供了一种理论替代方案。他们的框架避开了经济活动的比较静态、完全市场愿景,转而支持一个强调市场和人的决定中的变化、错误和不完全的系统。然而,他

---

1 鲍莫尔(Baumol, 1983)承认企业家精神的分析难处理,但支持企业家能力供应曲线的概念,该曲线基于许多外生影响(例如,遗传、文化条件、教育系统、对经济成功的态度等)。在这方面,鲍莫尔和舒尔茨都完全符合经济理论的新古典传统。

们的挑战并不是对主导范式的唯一挑战,因为我们已经看到克拉克、熊彼特和沙克尔都对新古典框架提出了成功的批评和替代构想。最近另一个来自奥地利学派圈外的挑战是哈维·莱宾斯坦(1922—1994)所提出的X效率理论。

企业家精神是莱宾斯坦理论的核心还是次要问题是有争议的。显而易见的是,X效率范式恰好排除了新古典框架中实际上消除了企业家角色的那些方面。在完全竞争的一般均衡世界中,所有参与者都被视为成功的效用最大化者,所有公司都被视为有效的生产者。莱宾斯坦拒绝了这一构想,将效率低下作为常态。在莱宾斯坦(Leibenstein, 1979)理论中解释X非效率的市场不完全主要来自组织熵(organizational entropy)[1]、人的惰性、经济主体之间的不完全契约以及相互冲突的委托代理利益。在X非效率的世界中,企业不一定会最大化利润,也不一定会最小化成本。显然,一个人对企业家做什么的看法取决于一个人对市场的构想。X非效率世界是一种持续冷清的世界,这意味着企业家机会的存在。根据莱宾斯坦(Leibenstein, 1968),这些机会分为四类:连接不同市场、纠正市场缺陷(填补空白)、完成投入,以及创造或扩展有时间限制的投入转化实体(即企

---

[1] 这是一个借用自热力学的概念,指的是任何组织在相对封闭的运动过程中,总呈现出一种有效能量逐渐减少,而无效能量不断增加的不可逆过程。——译者

业）。但莱宾斯坦的企业家必须努力发现这样的机会。冷清的存在以及并非所有投入都被销售的事实往往会掩盖利润信号，因此必须将它们找出来。然而，一个像莱宾斯坦的世界一样有许多市场不完全的世界必须为企业家活动提供尽可能广泛的空间，因为完全竞争的情况会消除它。

莱宾斯坦强调完成投入功能是企业家的关键作用。这包括填补生产过程中的空白并克服生产障碍。莱宾斯坦（Leibenstein, 1979: 134）断言，"在买来的物品和买来的物品可以为生产做什么之间，既有空白地带也有模糊区域。"[1] 在他看来，激励（motivation）是始终缺失的一项投入。他将个人努力视为生产中的一个变量，并因此否认存在独特的生产函数。最后一个事实增加了企业家不确定性的维度，企业内部的组织熵增强了这种不确定性，企业家必须努力克服这一点。根据莱宾斯坦（Leibenstein, 1979: 135）：

> 产品空间是不连续的。它并不是到处都那么密集，以至于每种产品都存在。可以说，产品以不连续的块形式出现，而非作为单个特征或特性。因此，企业家必须调配足够多的缺失或难以获得的投入，才能生产一个综

---

[1] 莱宾斯坦的敌对反对者（如Stigler, 1976）质疑X非效率概念的存在。更温和的批评者断言，他归因于生产过程的"空白地带"和"模糊区域"也是他理论的特征。

合的特性集合。

莱宾斯坦的构想促成了一种开放式的利润理论。在回答企业家得到什么的问题时,莱宾斯坦回答说:"他们得到任何他们能得到的,或者得到任何他们靠其聪明能安排得到的。"X非效率框架没有偏好某一种利润理论。它强调合同可能性的菜单。作为不完整的完成者,企业家被置于战略地位,以制定有利的合同,确定他们的奖励规模和形式。他们可以成为剩余索取者——单独的剩余索取者或一组剩余索取者中的一员。或者,他们可以立即获得企业资本化价值的固定份额。或者他们可以任命自己为经理,这样他们就可以获得工资和剩余索取权的份额。(Leibenstein, 1979: 136)

莱宾斯坦的范式似乎在许多关键节点与奥地利学派理论相交,但新奥地利学派理论家仍然对其分析效力持怀疑态度。新奥地利学派主义者倾向于将莱宾斯坦的企业家精神解释为经济景观中一个有趣的特征,而不是经济过程的核心因素。柯兹纳(Kirzner, 1979b: 142)写道,莱宾斯坦的企业家精神"是一个通过X效率镜头观察时似乎确实成为焦点的特征;但是X效率范式可以在不专门提及企业家的情况下呈现"。相比之下,新奥地利学派经济学家将企业家视为理解经济现象整个过程的关键。正是企业家的思想和行动,使在非均衡状态下发生的事情变得可理解。

后记

熊彼特的经济发展理论及其赋予企业家的突出地位引发了哈佛大学和其他地方的大量研究,这些研究试图为企业家树立历史形象。但在20世纪的大部分时间里,关于企业家精神的性质和作用的理论都集中在一个问题或另一个问题上:要么是风险与不确定性之间的分歧,要么是均衡与非均衡的问题。当我们进入21世纪时,这些问题大多仍未解决。然而,20世纪的作者表现出一种明显的趋势,即扩大企业家精神的概念,以至于几乎所有涉及不确定性和/或对非均衡的调整的经济行动都涉及企业家精神的某些要素。

第9章

企业家与企业

对于各种财货和服务的生产和分配为什么是现在这个样子,经济理论和传统为我们提供了两种基本解释。一种解释说,价格机制是资源的分配者,是市场经济中的综合力量。另一种说企业家执行此功能。第一个问到为什么一种整合力量(即企业家)应该替代另一种力量(即价格体系)的经济学家是罗纳德·科斯(1910—2013)。在开创性论文《企业的性质》里,科斯(Coase, 1937)问到为什么企业通常被用作资源分配机制——既然经济理论表明价格机制是竞争市场中的有效分配器。如果竞争性价格体系是资源的有效分配器,为什么我们会有企业?鉴于企业真的存在,这是否意味着市场失灵,正如一些作者所认为的那样?[1]

---

[1] 阿罗(Arrow, 1974)和威廉姆森(Williamson, 1975)等人认为,经济组织的存在是市场失灵的证据。

交易成本与企业

在回答这些问题时,科斯将马歇尔的边际替代原则应用于他对组织内部运作的研究。他断言,企业之所以存在,是因为使用价格体系会产生可以通过行政安排来降低或克服的成本。这些成本是多种多样的,但对科斯来说,最重要的是发现市场体系中相关价格的成本。多次交易的合同和交易成本构成了他确定的大部分其他成本。[1]在科斯看来,生产可以通过价格机制(一种非人的资源配置方式)来组织,也可以通过由一个或多个我们称为企业家的人所指导的企业的行政渠道来组织。

科斯的企业理论为纵向一体化提供了一种经济学解释。企业家在企业内的功能是发现通过价格体系(即交换)将资源从一个生产阶段转移到另一个生产阶段的成本在何处高于通过行政行动来转移它们的成本。仔细研究科斯的经济学家唐纳德·布德罗(Boudreaux, 1986: 18)总结道:

> 如果企业家注意到阻碍将资源从一个阶段转移到另一个阶段的"过度"成本,他会将生产的各个阶段内部

---

[1] 有关这些成本以及成本差异对公司规模影响的详细分析,请参见Boudreaux, 1986: 18–30。

化，使它们处于共同所有权的一个屋檐下。这种内部化节省了交易成本，否则在资源从生产的一个阶段转移到下一个阶段时会有更多的成本。

企业家在此类活动上的界限取决于建立和维护取代价格机制的行政安排的成本。行政指导的成本随着公司规模的扩大——也就是说，随着构成公司机构网络的行政安排的数量和复杂性的增加——而增加。因此，有效率的企业家总是在边际上进行替代。只要跨所有权界线交换资源的成本超过行政行动的成本时，他就会扩大公司的规模。只要行政转移的成本超过市场转移的成本，他就会缩小公司的规模。由此可见，企业家的利润等于根据这一原则改变公司规模所节省的成本。

在这种观点中，企业是价格机制的真正替代品，因为——正如在一般均衡价格理论中——企业家的任务是预先确定的。他只需要计算行政成本与市场成本，并根据利润激励相应地调整他的组织。仔细观察，这种公司的决定性质既不涉及人为的自由裁量权，也不涉及不确定性。这种观点的主要优点是阐明了交易成本以及它们如何影响公司的性质。

阿诺德·普兰特（Plant, 1937）独立开创了企业的"交易成本"路径，他试图解释为什么企业会变得集中或分散。

伊迪丝·彭罗斯、小阿尔弗雷德·D.钱德勒和H. B. 马尔姆格伦随后对组织理论的独立研究也扩展了科斯开创的分析。彭罗斯（Penrose, 1959）提出了一个理论：由于企业家的计划和有意行为，企业在敌对性竞争的动态状态中发展。因此，每家公司的成长和繁荣取决于企业家有效规划和设计有效管理机制和等级制度的能力。

钱德勒（Chandler, 1962）提出了这样的论点：一家公司的管理结构主要取决于其商业战略。与企业家精神的联系在于，他将商业战略视为一种企业家活动，因为它涉及远见、深思熟虑、计划和应对不确定性。

马尔姆格伦（Malmgren, 1961）通过深入阐述使用价格体系来分配资源所涉及的成本，完善了科斯的分析。这些成本主要归因于市场不完全与不确定的投入价格。马尔姆格伦（Malmgren, 1961: 399）得出结论："市场在公司之间运作，但企业家是任何一家公司范围内的计划和协调主体。"与科斯不同，他强调不确定性，但他将不确定性仅限于投入价格和数量。科斯和马尔姆格伦都认为生产过程的最终结束是固定的，因此企业家的判断在任何一种情况下都不会延伸到选择生产哪种产品。

企业家与产出价格的不确定性

这个最后的问题为科斯和奈特的企业理论提供了一个对比点。与所有放弃不确定性的理论一样，科斯的理论侧重于经济活动的执行，而不是其构想和计划。奈特强调构想和计划，指出不确定性的存在如何导致经济理论体系发生重大变化。"在不确定性存在的情况下，"奈特（Knight, 1921: 268）写道，"做事，即活动的实际执行，在真正意义上成为生活的次要部分：主要问题或功能是决定做什么和如何去做。"奈特认识到生产者有责任预测消费者的需求。但他坚持认为：

> 预测工作以及大部分技术指导和生产控制仍然进一步集中在一个范围非常小的生产者阶级身上，而我们遇到了一个新的经济负责人——企业家。

奈特认为，企业家阶级的崛起带来了商业组织基本形式的重大变化。面对不确定性，企业的内部组织不能寄托于偶然或机械公式。企业家必须做出自由裁量的决定。企业不得不承认个人在智力、判断和冒险精神方面的差异。成功的企业必须建立组织结构以促进成功的决定。根据奈特（Knight, 1921: 269–270）的说法，这样做是通过鼓励自信和冒险的人承担怀疑和胆小的人希望避免的风险。简而言之，企业家通过保证他们获得特定收入以换取一部分企业成果来为后者提供了"保证"。

总之，存在奈特的企业是因为现实世界不能满足经济理论规定的所有竞争性均衡条件。奈特认为，价格体系在替代用途之间配置资源方面是有效的，但它没有建立由企业家建立的替代用途模式。因此，企业家精神的本质是判断——源于不确定性。"在自由社会中，任何程度的有效判断或决定，"奈特（Knight, 1921: 271）写道，"都伴随着相应程度的不确定性，即为这些决定承担相应程度的责任。"这种责任体现在企业家向资源供应商提供固定报酬的抵押担保中。

正如我们之前所指出的，在其基本形式和内容上，奈特的企业家精神理论是坎蒂隆对市场如何运转的早期丰富洞见的逻辑延伸。这也是科斯理论的一个逻辑前提。在此类交易的成本可以用来解释公司的性质之前，必须存在进行交易的机会。科斯的分析认为，生产什么这个首要问题是理所当然的。就它强调计算而不是判断而言，它没有提供有意义的方法来区分企业家和其他雇用投入。换句话说，科斯在标准新古典价格理论的范围内工作。他采用了静态的、一般均衡的分析方法，这抽象掉了时间和不确定性。作为一种企业理论，他的分析富有想象力和洞察力。然而，作为一种企业家理论，它在范围和实质上是有限的。

像科斯一样，奈特认为公司存在于一个完全竞争的体制中是反常的。为了解释这种反常现象，他将经济分析推向了标准的新古典范式之外。他取代了静态一般均衡模型中假设的完全远见，取而代之的是企业家判断。他将不确定性作为其理论的基石，并采用了坎蒂隆的不确定性概念（经过提炼以区分可保风险和不可保风险）。这种做法将不确定性置于最终消费财货和服务之上。在以下段落中，我们几乎可以听到坎蒂隆的回声：

> 影响企业家的主要的不确定性与其产品的销售价格有关。他在价格体系中的地位通常是生产性服务的购买者，以当前价格转换成制成财货，以运营结束时的通行价格出售。他购买的东西的价格没有不确定性。他承担了技术上的不确定性，无法确定他将获得的实物产品的数量，但这种计算的可能误差通常不大；赌的是与产品相关的价格因素。
>
> （Knight, 1921: 317–318）

因此，对于奈特（与科斯相比），产出价格的不确定性解释了公司的独特性质。在研究的这个阶段，交易成本没有进入讨论，因为它们次要于以下两个原创行动：（1）决定生产什么财货，以及（2）建立适当的行政组织来这样做。尽管科斯认为市场是理所当然的，但奈特希望了解市场是如何创造的这个动态问题。他认为，创造市场是一种企业家功能。价格分配资源，但不创造市场；企业家创造市场。因此，从奈特的角度来看，价格体系永远不能被视为企业家的完全替代品。

科斯批评了奈特的理论，因为它忽略了合同在界定企业家活动中的作用。然而，我们已经看到，奈特的企业家的主要功能是通过向资源供应商提供抵押担保（即固定付款）来消除不确定性。具有讽刺意味的是，科斯（Coase, 1937: 347）发现奈特的这种缔约元素"无关紧要"。对他来说最重要的是找到价格机制应该被取代的原因，而他在奈特对企业的处理中找不到这个原因。

科斯对交易成本的敏锐分析最终催生了一种新的文献，它美化了企业家作为承包商的观念。[1]多亏了科斯，交易成本文献在当代微观经济理论中蓬勃发展。然而，由于他不了解奈特的研究的真实性质，他对奈特的批评大多是错误的。科斯在接受给定产品选择的新古典框架内推进了对公司的分析。因此，他假设掉了奈特公开面对的不确定性。科斯认

---

[1] 关于公司"合同关系"理论的经典参考文献是Alchian and Demsetz, 1972。另见Jensen and Meckling, 1976; Rubin, 1978和Klein and Leffler, 1981。最近，约拉姆·巴泽尔（Barzel, 1987）使用这种路径来探索企业家精神的道德风险。在更基本的历史意义上，企业家作为承包商的想法可以追溯到边沁。

为，企业的出现是由于使用价格机制的成本——而这个成本可以通过在单一管理网络中引入更多的内部交易降低或避免。但正如布德罗（Boudreaux, 1986: 127–128）所指出的，这种路径与企业规模（即纵向一体化）问题的关系更密切，而不是与企业家精神理论。

像熊彼特一样，奈特对解释市场体系中经济进步的性质很感兴趣，市场体系的主要组成部分是企业和企业家。他所说的企业是指一种基本的商业组织形式，企业家在其中掌握方向、控制和责任。在奈特（Knight, 1921: 353）看来，仅签订合同并没有充分体现出企业家的作用，因为"在这个世界上，受合同影响的利益永远不会全部体现在协议中"。在奈特看来，企业家不仅仅是承包商。他们是承担不确定性的专家，虽然合同是减少不确定性的一种方式，但某些不确定性永远无法消除。因此，对于奈特（Knight, 1921: 283）来说，公司的规模取决于企业家素质的可用供应等因素。

企业是企业家吗？

奈特的理论为风险承担功能和管理功能提供了一个平衡的视角。它建立了一个广泛的企业家类别，因为它没有将临时担保的功能限制在公司所有权权益的拥有者身上。事实上，在奈特的公司中，为了定位最终控制的功能，人们可能不得不在管理层级上走得更远。奈特断言，管理者的主要职能是根据公司性质选择做出决定的人。做出决定的组织的基本结构是职能人员等级制度，每个上级人员选择下级职能人员。因此，每个职能人员将其活动的后果留给他的选择者，从而不断地将经济责任转移到更高的层次，直到最终落在控制职能人员（即资源供应商合同薪酬的保证人）身上。对于奈特（Knight, 1921: 267–270, 276–277, 291–302）来说，只有最后一个决定才是关键；所有从属的决定都是常规的，因此是非企业家的。

在1944年发表的一篇论文中，詹姆斯·H. 施陶斯认为，奈特的理论虽然在逻辑上是正确的，但既不是解决企业家控制问题的唯一方法，也不是最相关的方法。斯陶斯声称，现代商业的事实否定了在承担风险和管理功能方面具有首要地位的独特阶级的概念。他建议此类任务的适当参考框架是企业。更具体地说，他断言企业是企业家。（Stauss, 1944: 112, 117, 120）

根据施陶斯，定义企业家精神的核心问题是控制点的确定。他认为，奈特的企业家并不是唯一的，因为不可能将正式行使控制功能的首要地位定位于任何一类所谓的"企业家"，这些"企业家"是基于与公司的某种统一关系归类的，例如拥有所有权权益或延长临时担保。

> 在定位控制者并确定其决定的重要性时，需要考虑时间和地点的情况。同样，管辖范围内的决定面临着与企业行为有关的或多或少重要的管理问题。因此，决定的重要性是一个相对的问题。
>
> （Stauss, 1944: 118）

施陶斯基于奈特忽视的现代企业的两个发展来证明他的观点：(1) 公司 (corporation) 的兴起，其中所有权和决定的功能在很大程度上是分离的；(2) 政府监管的扩大，这往往会模糊所有权、监管和行政之间的区别。由于这些发展，他认为所有权作为企业家精神的核心关系不如决定机构重要，决定机构通常位于公司的行政结构中。施陶斯（Stauss, 1944: 119）坚持认为，即使公司完全属于私人所有，"其他政府机构和各种行政机构可能会在许多方面支配公司的政策，这种支配可能到了控制聘用高管选择的程度"。

施陶斯声称与熊彼特有着密切的关系——他共享着熊彼特的整体经济框架。该框架由企业、供应商、消费者和政府组成。施陶斯认为，传统的企业家精神理论（包括奈特的）将供应商和一些管理劳动者的行动与企业家的行动混为一谈。然而，如果将传统观点颠倒过来，使公司成为企业家，那么，根据施陶斯（Stauss, 1944: 121），"总体上，引入新的［熊彼特式］组合的职能人员将是通过拥有特定决定权的个人成员的集合在行动的（旧的或新的）企业。"新的参考框架将有能力分析劳动者提供生产性服务（包括非企业家经理的生产性服务）的基本责任，并与企业建立和维持关系。

尽管将企业视为企业家有争议，但通过反转企业家通过企业媒介进行经营的传统概念，某些问题被提出来了。最终，做出决定的是人，而不是结构；因此，我们必须解决企业是什么的问题。其他问题也很快涌现：企业和官僚机构有什么区别？企业规模会影响决定的产生和执行吗？简而言之，企业是企业家的观点如何改进企业家精神理论？

成功的企业往往会成长，而大企业往往会受到严格的行为规则的支配。因此，基于方法论个人主义，企业作为企业家的想法可能会遭到反对。施陶斯（Stauss, 1944: 126）拒绝这样一种观点，即企业只是决策者的集合体，这个集合体具有通过工作规则系统表达的集体意志。相反，他建议将公司视为具有一般经济分析目的的会计实体，并在需要解决特定问题时将其视为特定的具体机构。但他没有解释如何使这种企业的双重观念在经济理论中变得可操作，而且在四十多年之后，几乎不可能找到施陶斯对后来作者的影响的任何痕迹。

后记

企业家和企业之间的区别，以及它们的互换性问题，在20世纪上半叶被严肃提出。这些问题在当代经济学家中仍然悬而未决。与其将两者融合为一个实体，人们似乎更倾向于保留一种区别，即使这种区别是模棱两可的，因为在大多数领域中，人们都反对把人格和人分开的概念。关于这个主题的争议已经将注意力集中在企业家与他运作的商业组织形式之间的关系 —— 共生关系或其他关系 —— 之上。

第10章

结 论

本书始于企业家是谁以及他们做什么的分类——基于他们在经济文献中是如何被阐述的。现在我们已经完成了我们的历史概述。我们可以留心作者和主题之间存在的显著重叠，通过将某些作者与特定主题相关联来完成分类。概括地说，企业家在经济学文献中扮演的各种角色有：

1. 企业家是承担与不确定性相关的风险的人（坎蒂隆、冯·屠能、冯·曼戈尔特、穆勒、霍利、奈特、冯·米塞斯、科尔、沙克尔）。

2. 企业家是提供金融资本的人（斯密、杜尔哥、冯·庞巴维克、埃奇沃思、庇古、冯·米塞斯）。

3. 企业家是创新者（博多、边沁、冯·屠能、施穆勒、桑巴特、韦伯、熊彼特）。

4. 企业家是决策者（坎蒂隆、门格尔、马歇尔、冯·维塞尔、阿马萨·沃克、弗朗西斯·沃克、凯恩斯、冯·米塞斯、沙克尔、科尔、舒尔茨）。

5. 企业家是行业领袖（萨伊、圣西门、阿马萨·沃克、弗朗西斯·沃克、马歇尔、冯·维塞尔、桑巴特、韦伯、熊彼特）。

6. 企业家是经理或主管（萨伊、穆勒、马歇尔、门格尔）。

7. 企业家是经济资源的组织者和协调者（萨伊、瓦尔拉斯、冯·维塞尔、施穆勒、桑巴特、韦伯、克拉克、达文波特、熊彼特、科斯）。

8. 企业家是企业的所有者（魁奈、冯·维塞尔、庇古、霍利）。

9. 企业家是生产要素的雇主（例如，阿马萨·沃克、弗朗西斯·沃克、冯·维塞尔、凯恩斯）。

10. 企业家是承包商（边沁）。

11. 企业家是套利者（坎蒂隆、瓦尔拉斯、柯兹纳）。

12. 企业家是资源在替代用途中的分配者（坎蒂隆、柯兹纳、舒尔茨）。

我们的调查显示，历代企业家精神理论既有静态的，也有动态的。然而，经过反思，很明显，只有动态的企业家精神理论才具有重要的操作意义。在一个静态的世界中，既没有变化，也没有不确定性。企业家在静态状态下的角色只能是上面第2项（金融资本提供者）、第6项（经理或主管）、第8项（企业所有者）或第9项中所暗示的（生产要素的雇主）。在一个静态的世界中，企业家是一个被动的元素，因为他的行动仅仅构成了对过去已经学习和实施的程序和技术的重复。只有在一个动态的世界中，企业家才能成为一个健壮的人物。其余的每个定义都暗示了一个动态环境。

一旦我们消除了该主题的纯静态表述，企业家精神理论的分类就可以通过关注三个主要的知识传统来简化，每个传统都是由坎蒂隆催生的。仅出于识别目的，让我们将这三个传统称为芝加哥传统（奈特-舒尔茨）、德国传统（冯·屠能-熊彼特）和奥地利传统（冯·米塞斯-柯兹纳-沙克尔）。

这种相当松散的分类需要一定的附言。首先，连接线并不像暗示的那样简单。奈特不承认坎蒂隆是他自己的企业家精神理论的鼻祖，但是这两种理论的亲缘关系太强了，以至于无法忽视。舒尔茨（Schultz, 1980）公开将他的理论与奈特的理论结盟。然而，冯·屠能和熊彼特之间的联系很脆弱，冯·屠能和坎蒂隆之间的联系也是如此。我们这里的联系更多地基于方便而不是历史事实。这种联系有一定的逻辑，因为冯·屠能是第一个用熊彼特所共有的语言将企业家描述为创新者的人。同样，关于冯·屠能和坎蒂隆之间的联系，我们也没有直接的联系证据。然而，冯·米塞斯和柯兹纳之间的联系是毫无疑问的。[1]沙克尔与奥地利学派一起出现，因为他对企业家的基本概念是奥地利学派，但他通过拒绝均衡范式将自己与他们（以及与本概述中的其他作者）区分开来。

尽管明显过度简化，但这种分类方案可用于多种目的。例如，它提供了知识界的快速概览。它强调那些最推进企业家主题的作者是在经济动态和均衡范式的背景下这样做的。[2]本文献中反复出现的主题强调感知、不确定性和创新（或其他特殊能力）。一些作者，如熊彼特，断言企业家创造了非均衡。而其他人，例如柯兹纳，则认为他在一些外源性冲击后恢复了均衡。但这是一个细微的差别，对于全面理解动态经济中的企业家功能而言意义不大。熊彼特当然认识到经济中其他努力恢复均衡的力量的普遍存在。

关于该主题的经济学文献的另一个主要特征是企业家应该根据功能而不是个性来定义。然而，熊彼特（Schumpeter, 1954: 896–897）列举了为什么功能理论可能无法涵盖商业实

---

[1] 坎蒂隆似乎通过门格尔影响了奥地利学派经济学家们，门格尔的个人图书馆（其图书现在永久存放在东京一桥大学图书馆）包含坎蒂隆的《商业性质概论》。我们感谢杉山忠平教授为我们提供了门格尔图书馆内容的目录。
[2] 马克·布劳格（Blaug, 1986: 230n）提醒我们，熊彼特在其《经济发展理论》出版20年后，为英文译本写了一篇序言，指出这本书的论点"可以与[静态]均衡理论进行对比，后者或明或暗地一直是并且仍然是传统理论的中心。"

践中已知的所有企业家盈亏的两个原因。首先，站在商品市场和要素市场之间的企业家更有能力利用有利条件——捕捉某些"残留"或剩余。其次，无论其他方面的性质如何，实际上企业家的收益几乎总是与垄断定价有关。

我们发现这些论点中的第一个比第二个更有说服力，特别是考虑到柯兹纳（Kirzner, 1973）试图澄清竞争和垄断之间的区别后。根据柯兹纳的推理，真正的企业家收益与"正确"意义上的垄断无关，后者意味着存在进入壁垒。然而，在我们看来，谁对经济剩余拥有合法权利的问题是一个棘手的问题，在我们看来，它将在未来一段时间内继续困扰企业家精神理论。

一个破坏企业家精神的历史研究的问题是企业家是否承担风险、不确定性，或两者兼而有之。早期的讨论很少或根本没有区分风险和不确定性，但随着弗兰克·奈特的贡献，所有这些都改变了。今天，越来越多的共识是，非企业家决定发生在风险条件下，而企业家决定发生在不确定条件下（参见 Alvarez and Busenitz, 2001; Loasby, 2002）。这一理论发展的影响将在下面讨论。

最后，当代经济学继续努力解决企业家与企业的适当关系。在某些情况下，企业家被视为企业的替代品；在另一些情况下，他被视为公司的先驱和指导之手；至少在一种情况下，有人认为企业家就是企业。

风险、不确定性和组织

每个人在某种情况下都是潜在企业家这种观念具有相当大的吸引力：必须应对非均衡变化的学生、家庭主妇、劳动者、退休人员等（按照舒尔茨），或只是对机会保持警惕的来自各行各业的人（按照柯兹纳）。但是，经济话语由这一事实所主导：企业家经常组织企业以聚集和协调利用市场机会所需的经济资源。

最近沙伦·阿尔瓦雷斯和杰伊·巴尼认为企业的建立是为了不同的目的："企业家企业是在不确定性的条件下组织起来的，它们的主要目的是解决与无法在交易开始时知道交易价值相关的交易困难。"相比之下，非企业家企业"是在风险的条件下组织起来的，它们的主要目的是解决与在一笔交易里进行特定投资的人中分配已知交易创造的价值相关的交易困难"。（Alvarez and Barney, 2005: 788）阿尔瓦雷斯和巴尼认为，认识到这些不同的目的不仅有助于区分企业类型，还有助于将企业家精神的边界定义为一门研究学科。

要求研究边界这一事实是企业家精神这一主题断裂性质的直接结果，而这又是其多样化历史演化的结果。沿着阿尔瓦雷斯和巴尼建议的思路追求这一主题，要求研究人员不要专注于传统研究的企业家的人格属性，而是专注于弗兰克·奈特引入的风险和不确定性之间的区别。因此，在未来，奈特可能比熊彼特更与企业家精神主题相关，至少在研究企业家精神的管理专家中是如此。

阿尔瓦雷斯和巴尼发现现有的关于公司组织方式的理论不足，[1]因此发展了一种企业家企业分类，范围从"基于团体（clan）"到"基于专家"再到"基于魅力"的组织。[2]基于团体的企业家企业的决定不是等级制的——老板告诉别人该做什么——而是民主的；它的领导者倾向于在所有为公司做出特定投资的人中寻求共识。因此，基于团体的企业家企业的特点是高度信任参与做出交易专用性投资的人。基于专家的企业家企业采用某种传统的等级制度，但对"老板"的选择是基于他加入公司的机会成本，而不是基于他的监督和控制能力。这个"老板"最有可能是拥有对公司成功至关重要的专业知识的人。决定权将以该专家为中心，该专家可以做出或委派关键决定。基于魅力的企业家企业也是等级森严的，但行使控制权的"老板"基于他的魅力和远见，而不是他的特定专业知识或监督和调整激励措施的能力。如果其

---

[1] 目前在文献中占主导地位的关于企业如何组织的两种理论是交易成本经济学（Williamson, 1975; 1985）和不完全契约理论（Grossman and Hart, 1986）。

[2] 这种路径的一个基本前提是，投资于市场机会的决定是有风险的还是不确定的，取决于该投资的客观属性，而不是决策者的看法。"无论决策者的感受如何，或者决策者对决定结果的信念或看法如何，如果决定的结果不确定，那么它们要么是有风险的，要么是不确定的。如果该决定的先前经验可以估计与决定相关的概率分布，那么该决定是有风险的。如果无法估计这样的概率分布，则该决定是不确定的。"（Alvarez and Barney, 2005: 779）

他公司成员与企业家的愿景相同,他们将决定权授予他。这个"老板"将在组织中建立剩余索取权。

阿尔瓦雷斯和巴尼面临的更广泛的问题是,风险和不确定性之间的区分有助于对企业家行为进行分类。在基于风险的理论下,将机会视为等待企业家发现的客观现象可能是合理的。(Kirzner, 1973; Shane, 2003)但在基于不确定性的理论下,企业家与其说是在发现利润机会,不如说是在创造利润机会——往往是通过他们的组织努力。(参见 Alvarez and Barney, 2005: 788)

从他们的研究所揭示的讽刺意味中,阿尔瓦雷斯和巴尼认识到,由于不确定性的条件通常不会随着时间的推移而稳定,因此组织企业家企业的基础不太可能随着时间的推移而稳定。特别是,一旦通过经验了解与不确定交换相关的结果的概率分布,基于不确定性的企业可能会转变为基于风险的企业。换言之,企业家企业可能是暂时的,但它们的持久性仍然是经济企业持续发展的先决条件。

过去作为序幕

预测企业家精神研究的未来方向是困难的——如果不是不可能的话。但是可以从对过往思想的研究中吸取一些教训。一个教训是,企业家精神在经济理论中的地位与其说是理论问题，不如说是方法问题。经济理论的历史清楚地表明，当这门学科试图通过结合数学方法来模仿物理科学时，企业家被挤出了经济学。显然，数学为经济学带来了更高的精确度，从而有望增强其预测能力。然而，将数学引入经济学（大约在阿尔弗雷德·马歇尔时代）是一把双刃剑。它锋利的边缘切开了现实世界复杂性的纠结混乱，使经济学更容易处理，并加速了它的理论进步。然而，它的钝刃使经济生活的基本力量之一——企业家变得迟钝。由于当时和现在都没有令人满意的数学来处理经济生活的动态，经济分析逐渐退入比较静态的阴影中，企业家扮演了纯粹被动甚至无用的角色。

另一个历史教训是，在其最富有成果的阶段，关于企业家精神的理论化一直是对经济生活动态基本原则的更广泛探索的一部分。经济生活的动态包括人与人之间的关系以及人与物质的关系。随着经济学变得更像力学的一个分支，它达成了一种浮士德式的交易，牺牲了它的"灵魂"以更好地了解未来（即预测）。然而，这种未来本该一直受到怀疑，因为静态方法完全抑制了变化。相比之下，动态就是变化，最重要的是，变化是企业家的职责。

企业家是引发变化还是仅仅适应变化的人这个问题是否重要？如果我们依赖企业家精神的最基本特征——感知、勇气和行动——答案是，可能不重要。企业家行动意味着创造机会以及对现有情况作出反应。企业家行动也意味着企业家在不确定性面前勇于承担风险。感知、勇气或行动的失败使企业家无效。出于这个原因，我们必须从这些要素中寻找概念的独特性，而不是行动或反应的环境。

正如当经济学家关注经济生活的动态时，关于企业家精神的理论最富有成效一样，当经济学将自己局限于静态世界时，它也最没有成效。因此，在我们的探究结束时，我们面临最基本的问题：经济学的功能是什么？是为了让我们了解经济生活的基础，还是为了预测尚未发生的事件的进程？如果是前者，我们必须照原样看待经济生活，包括其不完美、其风险和其不确定性。如果是后者，我们有理由从我们的理论模型中挤出某些现实生活条件，但我们必须意识到这样做的成本。

我们终于面临终极的科学困境。一方面，我们可以牺牲现实主义来获得精确性；另一方面，我们可以放弃精确性来获得现实主义。我们所做的选择决定了企业家在经济理论中的地位。归根结底，企业家之所以成为经济学家如此重要的研究主题，是因为他的功能和特征深入到经济学的核心，并提出了从未被解决的经济方法的基本问题——事实上，甚至还没有从经济的角度来被充分讨论。

书名、文章名、期刊名中英文对照表

B

波斯尔思韦特词典 Postlethwayt's Dictionary

C

财富科学 Science of Wealth
创新、企业家精神与技术变革 Innovation, Entrepreneurship, and Technological Change
创新政策经济学 The Economics of Innovation Policy
纯粹经济学要义 Elements of Pure Economics

D

道德情操论 The Theory of Moral Sentiments
动态资本主义 Dynamic Capitalism

F

发明与创新的经济理论 The Economic Theory of Invention and Innovation

G

工资问题 The Wages Question
孤立国 The Isolated State
关于财富的形成和分配的思考 Reflections on the Formation and Distribution

of Wealth
国民财富的性质和原因的研究 An Inquiry into the Nature and Causes of the Wealth of Nations
国民经济学原理 Principles of Economics
国民经济学原理 *Grundlagen der Nationalöekonomie*

J

基督教市场 The Marketplace of Christianity
技术转移期刊 Journal of Technology Transfer
价值与分配 Value and Distribution
就业、利息与货币通论 The General Theory of Employment, Interest, and Money
经济发展理论 The Theory of Economic Development
经济理论和方法史 A History of Economic Theory and Method
经济学季刊 Quarterly Journal of Economics
经济学刊 Economica
经济学与统计学评论 Review of Economics and Statistics

M

美国服务业的创新 Innovation in the U.S. Service Sector
美国经济评论 American Economic Review

Q

企业的性质 The Nature of the Firm
企业家：主流观点与激进批评 The Entrepreneur: Mainstream Views and Radical Critiques
企业家精神的基础与趋势 Foundation and Trends in Entrepreneurship

企业家精神和技术政策 Entrepreneurship and Technology Policy
企业经济学 The Economics of Enterprise

S

萨瓦里通用贸易词典 *Savary's Dictionnaire Universel de Commerce*
商业性质概论 *Essai sur la Nature du Commerce en Général*
实用政治经济学完整课程 *Cours Complet d'Économie Politique Pratique*

W

为高利贷辩护 Defence of Usury

X

现代微观经济学的秘密起源：杜普伊与工程师 Secret Origins of Modern Microeconomics: Dupuit and the Engineers

Z

政治经济学概论 *Traité d'Économie Politique*
政治经济学及赋税原理 On the Principles of Political Economy and Taxation
政治经济学期刊 Journal of Political Economy
政治经济学原理 Principles of Political Economy
资本主义、社会主义与民主 Capitalism, Socialism and Democracy
作为企业家的政府 Government as Entrepreneur

人名中英文对照表

A

A. C. 庇古 A. C. Pigou
A. L. C. 德斯蒂·德·特拉西 A. L. C. Destutt de Tracy
A. R. J. 杜尔哥 A. R. J. Turgot
阿道夫·里德尔 Adolph Riedel,
阿尔伯特·赫希曼 Albert Hirschman
阿尔弗雷德·马歇尔 Alfred Marshall
阿马萨·沃克 Amasa Walker
阿诺德·普兰特 Arnold Plant
爱德华·S. 梅森 Edward S. Mason
埃德蒙·S. 菲尔普斯 Edmund S. Phelps
埃德温·F. 盖伊 Edwin F. Gay
埃奇沃思 Edgeworth
安德烈亚斯·帕潘德里欧 Andreas Papandreou
奥利弗·威廉姆森 Oliver Williamson

B

庇古 Pigou
边沁 Bentham
博多 Baudeau
布鲁诺·希尔德布兰特 Bruno Hildebrand

C

查尔斯·塔特尔 Charles Tuttle

D

大卫·李嘉图 David Ricardo
达文波特 Davenport
德斯蒂·德·特拉西 Destutt de Tracy
埃利·阿莱维 Élie Halévy
邓斯·司各脱 Duns Scotus
杜尔哥 Turgot

E

恩佐·佩夏雷利 Enzo Pesciarelli

F

凡勃伦 Veblen

冯·曼戈尔特 von Mangoldt
冯·屠能 von Thünen
冯·维塞尔 von Wieser
弗兰克·A. 费特 Frank A. Fetter
弗兰克·奈特 Frank Knight
弗兰克·W. 陶西格 Frank W. Taussig
弗朗索瓦·魁奈 François Quesnay
弗朗西斯·阿马萨·沃克 Francis Amasa Walker
弗朗西斯·Y. 埃奇沃思 Francis Y. Edgeworth
弗朗西斯·沃克 Francis Walker
弗雷德里克·哈比森 Frederick Harbison
弗雷德里克·B. 霍利 Frederick B. Hawley
弗里茨·马赫卢普 Fritz Machlup
弗里茨·雷德利希 Fritz Redlich
弗里德里希·赫尔曼 Friedrich Hermann
弗里德里希·冯·维塞尔 Friedrich von Wieser

G

G. L. S. 沙克尔 G. L. S. Shackle
格里·斯威尼 Gerry Sweeney
戈特利布·胡费兰 Gottlieb Hufeland

古斯塔夫·施穆勒 Gustav Schmoller

H

H. B. 马尔姆格伦 H. B. Malmgren
H. K. 冯·曼戈尔特 H. K. von Mangoldt
哈维·莱宾斯坦 Harvey Leibenstein
赫伯特·J. 达文波特 Herbert J. Davenport
亨利·圣西门 Henri Saint-Simon
亨利·希格斯 Henry Higgs
霍利 Hawley
霍塞利茨 B. F. Hoselitz

J

J. B. 克拉克 J. B. Clark
J. B. 萨伊 J. B. Say
J. H. 冯·屠能 J. H. von Thünen
杰里米·边沁 Jeremy Bentham
杰伊·巴尼 Jay Barney
杰伊·W. 福里斯特 Jay W. Forrester

K

卡尔·克尼斯 Karl Knies
卡尔·门格尔 Carl Menger
卡尔·W. 多伊奇 Karl W. Deutsch

凯恩斯 Keynes
坎蒂隆 Cantillon
克拉克 Clark
克劳德·亨利·德·鲁弗鲁瓦 Claude Henri de Rouvroy
克努特·维克塞尔 Knut Wicksell
柯兹纳 Kirzner
肯尼思·阿罗 Kenneth Arrow
库塞尔-塞内尔 Courcelle-Seneuil

L

莱昂·瓦尔拉斯 Léon Walras
劳伦斯·怀特 Lawrence White
雷蒙德·德罗弗 Raymond de Roover
理查德·坎蒂隆 Richard Cantillon
利兰·H.詹克斯 Leland H. Jenks
路德维希·冯·米塞斯 Ludwig von Mises
路德维希·拉赫曼 Ludwig Lachmann
罗伯特·马尔萨斯 Robert Malthus
罗纳德·科斯 Ronald Coase
罗纳德·米克 Ronald Meek
罗南·麦克唐纳 Ronan Macdonald

M

马克·卡森 Mark Casson

马克·W.弗兰克 Mark W. Frank
马克斯·韦伯 Max Weber
马歇尔 Marshall
迈尔斯·梅斯 Myles Mace
麦克文 Macvane
门格尔 Menger
米塞斯 Mises
莫德斯托·A.迈迪克 Modesto A. Maidique
莫里斯·多布 Maurice Dobb
穆瑞·罗斯巴德 Murray Rothbard

N

纳索·西尼尔 Nassau Senior
尼古拉·博多 Nicolas Baudeau

O

欧根·冯·庞巴维克 Eugen von Böhm-Bawerk
欧根·庞巴维克 Eugen Boöhm-Bawerk

P

佩夏雷利 Pesciarelli

R

R. D. 托利森 R. D. Tollison

S

S. M. 坎布尔 S. M. Kanbur
萨伊 Say
塞缪尔 Samuel
森岛通夫 Michio Morishima
沙克尔 Shackle
沙伦·阿尔瓦雷斯 Sharon Alvarez
杉山忠平 Chuhei Sugiyama
圣贝尔纳迪诺 San Bernardino
圣西门 Saint-Simon
施穆勒 Schmoller
舒尔茨 Schultz

T

T. W. 舒尔茨 T. W. Schultz
唐纳德·A. 舍恩 Donald A. Schön
唐纳德·布德罗 Donald Boudreaux
唐纳德·沃克 Donald Walker
托尔斯坦·凡勃伦 Thorstein Veblen
托马斯·柯克伦 Thomas Cochran

W

瓦尔拉斯 Walras
维尔弗雷多·帕累托 Vilfredo Pareto
维尔纳·桑巴特 Werner Sombart
威廉·罗雪尔 Wilhelm Roscher
威廉·斯坦利·杰文斯 William Stanley Jevons
威廉·雅费 William Jaffé

X

小阿尔弗雷德·D. 钱德勒 Alfred D. Chandler, Jr.
小 R. B. 埃克伦德 R. B. Ekelund, Jr.
熊彼特 Schumpeter
休·G. J. 艾特肯 Hugh G. J. Aitken

Y

亚当·斯密 Adam Smith
亚瑟·科尔 Arthur Cole
伊迪丝·彭罗斯 Edith Penrose
伊斯雷尔·柯兹纳 Israel Kirzner
约翰·贝茨·克拉克 John Bates Clark
约翰·肯尼斯·加尔布雷思 John Kenneth Galbraith
约翰·劳 John Law
约翰·梅纳德·凯恩斯 John Maynard Keynes
约翰·穆勒 John Stuart Mill
约拉姆·巴泽尔 Yoram Barzel

约瑟夫·斯彭格勒 Joseph Spengler
约瑟夫·熊彼特 Joseph Schumpeter

Z

詹姆斯·H.施陶斯 James H. Stauss

参考文献

Aitken, H. G. J. "The analysis of decisions," *Explorations in Entrepreneurial History*, vol. 1, pp. 17–23, 1949.

Alvarez, S. A. and J. B. Barney. "How do entrepreneurs organize firms under conditions of uncertainty," *Journal of Management*, vol. 31, pp. 776–93, 2005.

Alvarez, S. A. and L. Busenitz. "The entrepreneurship of resource-based theory," *Journal of Management*, vol. 27, pp. 755–75, 2001.

Alchian, A. A. and H. Demsetz. "Production, information costs, and economic organization," *American Economic Review*, vol. 62, pp. 777–95, 1972.

Aristotle. "The politics," translated by B. Jowett, in *Early Economic Thought*, edited by A. E. Monroe, Cambridge, MA: Harvard University Press, pp. 3–29, 1924.

Arrow, K. J. *The Limits of Organization*, New York: W. W. Norton, 1974.

Barzel, Y. "Knight's 'moral hazard' theory of organization," *Economic Inquiry*, vol. 25, pp. 117–20, 1987.

Baudeau, N. *Première Introduction à la Philosophie Économique*, edited by A. Dubois, Paris: P. Geuthner, 1910 [original 1767].

Baumol, W. J. "Entrepreneurship in economic theory," *American Economic Review, Papers and Proceedings*, vol. 58, pp. 64–71, 1968.

Baumol, W. J. "Towards operational models of entrepreneurship," in *Entrepreneurship*, edited by J. Ronen, Lexington, MA: D. C. Heath, pp. 29–48, 1983.

Bentham, J. *Jeremy Bentham's Economic Writings*, edited by W. Stark, London: Allen & Unwin, 1952.

Bentham, J. *The Works of Jeremy Bentham*, edited by J. Bowring, New York: Russell & Russell, 11 vols, 1962 [original 1838–43].

Bentham, J. 'Defense of Usary; shewing the impolicy of the present legal restraints on the terms of pecuniary bargains in a series of letters to a friend to which is added a letter to Adam Smith, Esq; LL.D. on the discouragements opposed by the above restraints to the progress of inventive industry", reprinted in W. Stark (ed.) *Jeremy Bentham's Economic Writings* 3 vols. (London: George Allen & Unwin), 1952, vol. 1, pp. 124–207, 1787.

Blaug, M. "Entrepreneurship before and after Schumpeter," in *Economic History and the History of Economics*, edited by M. Blaug, Brighton, England: Wheatsheaf Books, pp. 219–30, 1986.

Boudreaux, D. J. "Contracting, organization, and monetary instability: studies in the theory of the firm," Ph.D. dissertation, Auburn University, 1986.

Brown, D. J. and J. H. Atkinson, "Cash and share renting: an empirical test of the link between entrepreneurial ability and contractual choice," *Bell Journal of Economics*, vol. 12, pp. 296–9, 1981.

Cantillon, R. *Essai sur la Nature du Commerce en Général*, edited and translated by H. Higgs, London: Macmillan, 1931.

Carlin, E. A. "Schumpeter's constructed type – the entrepreneur," *Kyklos*, vol. 9, pp. 27–43, 1956.

Casson, M. "Entrepreneur," in *The New Palgrave: A Dictionary of Economics*, vol. 2, edited by J. Eatwell, M. Milgate, and P. Newman, London: Macmillan, p. 151, 1987.

Chandler, Jr., A. D. *Strategy and Structure*, Cambridge, MA: M.I.T. Press, 1962.

Clark, J. B. "Insurance and business profits," *Quarterly Journal of Economics*, vol. 7, pp. 45–54, 1892.

Clark, J. B. *Essentials of Economic Theory*, New York: Macmillan, 1907.

Coase, R. H. "The nature of the firm," *Economica*, N.S., vol. 4, pp. 386–405, 1937.

Cochran, T. C. "Entrepreneurship," in *International Encyclopedia of the Social Sciences*, edited by David L. Sills, New York: Macmillan, pp. 87–91, 1968.

Cole, A. H. "An approach to the study of entrepreneurship: a tribute to Edwin F. Gay," *Journal of Economic History*, vol. 6, pp. 1–15, 1946.

Cole, A. H. "Entrepreneurship and entrepreneurial history," in *Change and the Entrepreneur*, prepared by the Research Center in Entrepreneurial History,

Cambridge, MA: Harvard University Press, pp. 85–107, 1949.

Cole, A. H. *Business Enterprise in its Social Setting*, Cambridge, MA: Harvard University Press, 1959.

Davenport, H. *Value and Distribution*, New York: Augustus M. Kelley, 1908 [reprinted 1964].

Davenport, H. *The Economics of Enterprise*, New York: Macmillan, 1913.

De Roover, R. "The organization of trade," in *The Cambridge Economic History of Europe*, vol. 3: Economic Organization and Policies in the Middle Ages, M. M. Postan, ed. Cambridge, UK: Cambridge University Press, pp. 49–50, 1963.

Destutt de Tracy, A. L. C. *A Treatise on Political Economy*, translated by Thomas Jefferson, New York: Augustus M. Kelley, 1970 [original 1817].

Deutsch, K. W. "A note on the history of entrepreneurship, innovation and decisionmaking," *Explorations in Entrepreneurial History*, vol. 1, pp. 8–12, 1949.

Dobb, M. "Entrepreneur," in *Encyclopedia of the Social Sciences*, edited by E. R. A. Seligman, New York: Macmillan, pp. 558–60, 1937.

Edgeworth, F. Y. "Application of the differential calculus to economics," in Edgeworth, F.Y., *Papers Relating to Political Economy*, 3 vols. New York: Burt Franklin, pp. 367–82, 1925.

Evans, Jr., G. H. "The entrepreneur and economic theory: an historical and analytical approach," *American Economic Review*, vol. 39, pp. 336–55, 1949.

Fetter, F. A. "Davenport's competitive economics," *Journal of Political Economy*, vol. 22, pp. 550–65, 1914.

Forrester, J. W. "A new corporate design," *Industrial Management Review*, vol. 7, pp. 5–18, 1965.

Frank, M. W. "Schumpeter on entrepreneurs and innovation: a reappraisal," *Journal of the History of Economic Thought*, vol. 20, pp. 505–16, 1998.

Galbraith, J. K. *The New Industrial State*, Boston: Houghton Mifflin, 1967.

Gay, E. F. "The rhythm of history," *Harvard Graduates' Magazine*, vol. 32, pp. 1–16, 1923–24.

Grossman, S. and O. Hart. "The costs and benefits of ownership: a theory of vertical and lateral integration," *Journal of Political Economy*, vol. 94, pp. 691–719, 1986.

Halévy, É. *The Growth of Philosophic Radicalism*, translated by Mary Morris, Boston: Beacon Press, 1955.

Harbison, F. "Entrepreneurial organization as a factor in economic development," *Quarterly Journal of Economics*, vol. 70, pp. 364–79, 1956.

Hawley, F. B. "The fundamental error of Kapital and Kapitalzins," *Quarterly Journal of Economics*, vol. 6, pp. 280–307, 1892.

Hawley, F. B. "The risk theory of profit," *Quarterly Journal of Economics*, vol. 7, pp. 459–79, 1893.

Hawley, F. B. "Enterprise and profit," *Quarterly Journal of Economics*, vol. 15, pp. 75–105, 1900.

Hébert, R. F. "Was Richard Cantillon an Austrian economist?" *Journal of Libertarian Studies*, vol. 7, pp. 269–79, 1985.

Hébert, R. F. and A. N. Link. *The Entrepreneur: Mainstream Views and Radical Critiques*, New York: Praeger, 1982, 2nd edition 1988.

Hébert, R. F. and A. N. Link. "Historical perspectives on the entrepreneur," *Foundation and Trends in Entrepreneurship*, vol. 2, pp. 261–408, 2006.

Hennings, K. H. "The transition from classical to neoclassical economic theory: Hans von Mangoldt," *Kyklos*, vol. 33, pp. 658–82, 1980.

Hermann, F. B. W. *Staatswirtschaftliche Untersuchungen Über Vermögen: Wirthschaft, Produktivitat der Arbeiten, Kapital, Preis, Gewinn, Einkommen und Verbrauch*, Munich: A. Weber, 1832.

Hirschman, A. O. *The Strategy of Economic Development*, New Haven, CT: Yale University Press, 1958.

Hoselitz, B. F. "The early history of entrepreneurial theory," in *Essays in Economic Thought: Aristotle to Marshall*, edited by J. J. Spengler and W. R. Allen, Chicago: Rand McNally, pp. 235–57, 1960.

Hufeland, G. *Neue Grundlegung der Staatswirthschaftskunst*, Vienna: B. P. Bauer, 1815.

Huffman, W. E. "Decision making: the role of education," *American Journal of Agricultural Economics*, vol. 56, pp. 85–97, 1974.

Hughes, J. *The Vital Few: The Entrepreneur and American Economic Progress*, Oxford: Oxford University Press, 1986.

Hutchison, T. W. *A Review of Economic Doctrines, 1870–1929*, Oxford: Clarendon Press, 1953.

Jaffé, W. "Walras' economics as others see it," *Journal of Economic Literature*, vol. 18, pp. 528–49, 1980.

Jenks, L. H. "Role structure of entrepreneurial personality," in *Change and the Entrepreneur*, prepared by the Research Center in Entrepreneurial History, Cambridge, MA: Harvard University Press, pp. 108–52, 1949.

Jensen, M. and W. Meckling. "The theory of the firm: managerial behavior, agency costs and ownership structure," *Journal of Financial Economics*, vol. 3, pp. 305–60, 1976.

Kanbur, S. M. "Of risk taking and the personal distribution of income," *Journal of Political Economy*, vol. 87, pp. 769–97, 1979.

Kanbur, S. M. "A note on risk taking, entrepreneurship, and Schumpeter," *History of Political Economy*, vol. 12, no. 4, pp. 489–98, 1980.

Katz, J. A. "A chronology and intellectual trajectory of American entrepreneurship education: 1876–1999," *Journal of Business Venturing*, vol. 18, pp. 283–300, 2003.

Keynes, J. M. *The General Theory of Employment, Interest, and Money*, New York: Harcourt, Brace and World, 1964.

Kirzner, I. M. *Competition and Entrepreneurship*, Chicago: University of Chicago Press, 1973.

Kirzner, I. M. *Perception, Opportunity, and Profit: Studies in the Theory of Entrepreneurship*, Chicago: University of Chicago Press, 1979a.

Kirzner, I. M. "Comment: X-inefficiency, error, and the scope for entrepreneurship," in *Time, Uncertainty and Disequilibrium*, edited by M. Rizzo. Lexington, MA: D. C. Heath, pp. 140–51, 1979b.

Kirzner, I. M. *Discovery and the Capitalist Process*, Chicago: University of Chicago Press, 1985.

Klein, B. and K. Leffler. "The role of market forces in assuring contractual performance," *Journal of Political Economy*, vol. 89, pp. 615–41, 1981.

Knight, F. H. *Risk, Uncertainty and Profit*, New York: Houghton Mifflin, 1921.

Knight, F. H. *The Economic Organization*, New York: Augustus M. Kelley, 1951.

Lane, F. C. "Recent studies on the economic history of Venice," *Journal of Economic History*, vol. 23, pp. 312–34, 1963.

Leibenstein, H. "Entrepreneurship and development," *American Economic Review*, vol. 48, pp. 72–83, 1968.

Leibenstein, H. "The general X-efficiency paradigm and the role of the entrepreneur," in *Time, Uncertainty and Disequilibrium*, edited by M. Rizzo, Lexington, MA: D. C. Heath, pp. 127–39, 1979.

Link, A. N. and J. R. Link. *Government as Entrepreneur*, Oxford: Oxford University Press, 2009.

Loasby, B. "The organizational basis of cognition and the cognitive basis of organization," in *The Economics of Choice, Change and Organization: Books in Honor of Richard M. Cyert*, edited by M. Augier and J. G. March, Cheltenham, England: Edward Elgar, pp. 147–67, 2002.

Macdonald, R. "Schumpeter and Max Weber: central visions and social theories," in *Entrepreneurship and Economic Development*, edited by P. Kilby, New York: Free Press, 1971.

Machlup, F. *Knowledge and Knowledge Production*, Princeton, NJ: Princeton University Press, 1980.

Macvane, S. M. "Business profits," *Quarterly Journal of Economics*, vol. 2, pp. 1–36, 1887.

Maidique, M. A. "Entrepreneurs, champions, and technological innovation," *Sloan Management Review*, vol. 21, pp. 59–76, 1980.

Malmgren, H. B. "Information, expectations and the theory of the firm," *Quarterly Journal of Economics*, vol. 75, pp. 399–421, 1961.

Mangoldt, H. von. "The precise function of the entrepreneur and the true nature of entrepreneur's profit," in *Some Readings in Economics*, edited by F. M. Taylor, Ann Arbor, MI: George Wahr, pp. 34–49, 1907 [original 1855].

Marshall, A. *Principles of Economics*, 8th edition, London: Macmillan, 1920a.

Marshall, A. *Industry and Trade*, 3rd edition, London: Macmillan, 1920b.

Marshall, A. *Memorials of Alfred Marshall*, edited by A. C. Pigou, London: Macmillan, 1925.

Mason, E. S. "Saint-Simonism and the rationalisation of industry," *Quarterly Journal of Economics*, vol. 45, pp. 640–83, 1931.

Meek, R. L. *Turgot on Progress, Sociology and Economics*, Cambridge: Cambridge University Press, 1973.

Menger, C. *Principles of Economics*, translated by J. Dingwall and B. F. Hoselitz, Glencoe, IL: Free Press, 1950 [original 1871].

Mill, J. S. *Principles of Political Economy*, edited by W. J. Ashley, New York: Augustus M. Kelley, 1965 [original 1848].

Minkes, A. L. and G. R. Foxall. "Entrepreneurship, strategy, and organization: individual and organization in the behavior of the firm," *Strategic Management Journal*, vol. 1, pp. 295–301, 1980.

Mises, L. von. *Human Action: A Treatise on Economics*, New Haven, CT: Yale University Press, 1949.

Mises, L. von. *Profit and Loss*, South Holland, IL: Consumers-Producers Economic Service, 1951.

Morishima, M. *Walras' Economics: A Pure Theory of Capital and Money*, Cambridge: Cambridge University Press, 1977.

Papandreou, A. G. "The location and scope of the entrepreneurial function," Ph.D. dissertation, Harvard University, 1943.

Penrose, E. *The Theory of the Growth of the Firm*, New York: John Wiley and Sons, 1959.

Pesciarelli, E. "Smith, Bentham and the development of contrasting ideas on entrepreneurship," *History of Political Economy*, vol. 21, pp. 521–36, 1989.

Pigou, A. C. *Industrial Fluctuations*, 2nd edition, London: Macmillan, 1929.

Pigou, A. C. *Employment and Equilibrium*, 2nd edition, London: Macmillan, 1949.

Plant, A. "Centralise or decentralise?" Originally published in *Some Modern Business Problems*, ed. A. Plant, New York, Longmans, 1937. Reprinted in *Selected Economic Books and Addresses*, London, Routeledge and Kegan Paul, pp. 178–98, 1974.

Postlethwayt, Malachy *The University dictionary of trade and commerce, translated from the French of the celbrated monsieur Savary: with large additions and improvements, incorporated throughout the whole work; which more particularly accomodate the same to the trade and navigation of these kingdoms, and the laws, customs, and usages, to which all traders are subject.* 2 vols. London: John and Paul Knapton, 1751–55.

Quesnay, F. *Oeuvres Economiques et Philosophiques*, edited by A. Oncken, Frankfurt: M. J. Baer, 1888.

Rectenwald, H. C. "Mangoldt, Hans Karl Emil von," in *The New Palgrave: A Dictionary of Economics*, vol. 3, edited by J. Eatwell, M. Milgate, and P. Newman, London: Macmillan, p. 299, 1987.

Redlich, F. "Towards a better theory of risk," *Explorations in Entrepreneurial History*, vol. 10, pp. 33–9, 1957.

Redlich, F. "Toward the understanding of an unfortunate legacy," *Kyklos*, vol. 19, pp. 709–16, 1966.

Ricardo, David *On the Principles of Political Economy and Taxation*, reprinted in Piero Sraffa, ed., *The Works and Correspondence of David Ricardo*, vol. 1, Cambridge, UK: Cambridge University Press, 1996 [original 1819].

Riedel, A. F. J. *Nationalokonomie oder Volkswirthschaft Dargestellt*, 3 vols, Berlin: F. H. Morin, 1838–42.

Roberts, E. B. and H. A. Wainer. "Some characteristics of technical entrepreneurs," *IEEE Transactions on Engineering Management*, vol. EM-18, pp. 100–9, 1971.

Roscher, W. G. F. (1854) *Die Gundlagen der Nationalökonomie*, translated from 13th editon by J.J. Lalor as *Principles of Political Economy*, 2 vols., New York, 1878.

Roover, R. de. "The organization of trade," in *The Cambridge Economic History of Europe*, vol. 3, pp. 49–50, 1963a.

Roover, R. de. "The scholastic attitude toward trade and entrepreneurship," *Explorations in Entrepreneurial History*, vol. 3, pp. 76–87, 1963b.

Rothbard, M. N. "Professor Hébert on entrepreneurship," *Journal of Libertarian Studies*, vol. 7, pp. 281–6, 1985.

Rubin, P. "The theory of the firm and the structure of the franchise contract," *Journal of Law and Economics*, vol. 21, pp. 223–33, 1978.

Say, J. B. *Cours Complet d'Économie Politique Pratique*, 2nd edition, Paris: Guillaumin. 2 vols, 1840 [original 1828–29].

Say, J. B. *A Treatise on Political Economy*, 4th edition, translated by C. R. Prinsep, Philadelphia: Grigg & Elliot, 1845 [original 1803].

Savary des Bruslons, Jacques. *Dictionnaire Universel de Commerce:* contenant tout ce qui concerne le commerce qui se fait dans les quatre parties du monde. 2 vols. Paris: Jacques Estienne, 1723.

Schön, D. A. "Champions for radical new inventions," *Harvard Business Review*, vol. 2, pp. 77–86, 1963.

Schön, D. A. *Technology and Change: The New Heraclitus*, New York: Delacorte Press, 1976.

Schultz, T. W. "The value of the ability to deal with disequilibria," *Journal of Economic Literature*, vol. 13, pp. 827–46, 1975.

Schultz, T. W. "Investment in entrepreneurial ability," *Scandinavian Journal of Economics*, vol. 82, pp. 437–48, 1980.

Schumpeter, J. A. "The instability of capitalism," *Economic Journal*, vol. 38, pp. 361–86, 1928.

Schumpeter, J. A. *The Theory of Economic Development*, translated by R. Opie from the 2nd German edition [1926], Cambridge: Harvard University Press, 1934 [original 1912].

Schumpeter, J. A. *Business Cycles*, New York: McGraw-Hill, 1939.

Schumpeter, J. A. *Capitalism, Socialism and Democracy*, 3rd edition, New York: Harper & Row, 1950.

Schumpeter, J. A. *History of Economic Analysis*, edited by E. B. Schumpeter, New York: Oxford University Press, 1954.

Shackle, G. L. S. *Uncertainty in Economics*, Cambridge: Cambridge University Press, 1955.

Shackle, G. L. S. *The Nature of Economic Thought*, Cambridge: Cambridge University Press, 1966.

Shane, S. *A General Theory of Entrepreneurship: The Individual-Opportunity Nexus.* Cheltenham, UK: Edward Elgar Publishing, 2003.

Shove, G. F. "The place of Marshall's 'Principles' in the development of economic theory," *Economic Journal*, vol. 52, pp. 294–329, 1942.

Smith, A. *The Theory of Moral Sentiments*, edited by D. D. Raphael and A. L. Macfie, vol. 1 of the Glasgow Edition of the *Works and Correspondence of Adam Smith* (7 vols), Oxford: Oxford University Press, 1976a [original 1759].

Smith, A. *An Inquiry into the Nature and Causes of the Wealth of Nations*, edited by R. A. Campbell and A. S. Skinner, vol 2 of the Glasgow Edition of the *Works and Correspondence of Adam Smtih* (7 vols), Oxford: Oxford University Press, 1976b [original 1776].

Spengler, J. J. Discussion to "Possibilities for a realistic theory of entrepreneurship," *American Economic Review*, vol. 39, pp. 352–6, 1949.

Spengler, J. J. "Adam Smith's theory of economic growth – Part II," *Southern Economic Journal*, vol. 26, pp. 1–12, 1959.

Spengler, J. J. and W. R. Allen, editors. *Books in Economic Thought: Aristotle to Marshall*, Chicago: Rand McNally, 1960.

Stauss, J. H. "The entrepreneur: the firm," *Journal of Political Economy*, vol. 52, pp. 112–27, 1944.

Stigler, G. J. "The xistence of x-efficiency," *American Economic Review*, vol. 66, pp.

213–16, 1976.

Sweeney, G. "Innovation is entrepreneur-led," in *Innovation Policies: An International Perspective*, edited by G. Sweeney, New York: St. Martin's Press, pp. 80–113, 1985.

Taussig, F. W. *Principles of Economics*, revised edition, vol. 2, New York: Macmillan, 1915.

Thünen, J. H. von. "The isolated state in relation to agriculture and political economy," vol. 2 [1850], translated by B. W. Dempsey and reprinted in B. W. Dempsey, *The Frontier Wage*, by B. W. Dempsey, Chicago: Loyola University Press, pp. 187–368, 1960.

Turgot, A. R. J. *The Economics of A. R. J. Turgot*, edited and translated by P. D. Groenewegen, The Hague: Martinus Nijhoff, 1977.

Turgot, A. R. J. *Reflections on the Formation and Distribution of Wealth* (1766). In P.D. Groenewegen (ed.) *The Economics of A. R. J. Turgot* (The Hague: Martinus Nijhoff, 1977), pp. 43–95.

Tuttle, C. A. "The entrepreneur function in economic literature," *Journal of Political Economy*, vol. 35, pp. 501–21, 1927.

Walker, A. *The Science of Wealth*, Boston: Little, Brown, 1866.

Walker, D. "Walras' theory of the entrepreneur," *De Economist*, vol. 134, pp. 1–24, 1986.

Walker, F. A. *The Wages Question*, New York: Henry Holt, 1876.

Walker, F. A. *Political Economy*, New York: Henry Holt, 1884.

Walker, F. A. "The source of business profits," *Quarterly Journal of Economics*, vol. 1, pp. 265–88, 1887.

Walker, F. A. "A reply to Mr Macvane: on the source of business profits," *Quarterly Journal of Economics*, vol. 2, pp. 263–96, 1888.

Walras, L. *Elements of Pure Economics*, translated by W. Jaffe, Homewood, IL: Richard D. Irwin, Inc, 1954 [original 1874].

Walras, L. *Correspondence of Leon Walras and Related Papers*, 3 vols, edited by W. Jaffe, Amsterdam: North-Holland Press, 1965.

Weber, M. *The Protestant Ethic and the Spirit of Capitalism*, translated by Talcott Parsons, New York: Scribner's, 1930.

White, L. H. "Entrepreneurship, imagination and the question of equilibration," Unpublished manuscript, 1976.

Wicksell, K. *Value, Capital and Rent*, English translation, London: George Allen & Unwin, 1954 [original 1893].

Wieser, F. von. *Social Economics*, translated by A. F. Hindrichs, New York: Adelphi, 1927.

Williamson, O. E. *Markets and Hierarchies*, New York: The Free Press, 1975.

Williamson, O. E. *The Economic Institutions of Capitalism*, New York: The Free Press, 1985.

Zrinyi, J. "Entrepreneurial behavior in economic theory: an historical and analytical approach," Ph.D. dissertation, Georgetown University, 1962.

年代	承担与不确定性相关的风险的人	提供金融资本的人	创新者	决
1730	坎蒂隆			坎
1740				
1750				
1760				
1770		杜尔哥	博多	
1780		斯密		
1790				
1800				
1810				
1820				
1830				
1840				
1850	冯·屠能 冯·曼戈尔特		冯·屠能	
1860				
1870			施穆勒	阿马 广 弗朗西
1880				
1890	霍利	冯·庞巴维克		
1900				
1910			韦伯 熊彼特、桑巴特	
1920	奈特	埃奇沃思		
1930				
1940				
1950	米塞斯	米塞斯		
1960	沙克尔			
1970				
1980				

＊该表由译者和编者根据书中内容整理制作。